## Sommaire:

1. Introduction à la polygamie dans la Bible
2. Polygamie dans la Genèse: les patriarches
3. Les épouses de Lamech
4. Abraham et Hagar
5. Jacob, Léa et Rachel
6. Les concubines de Jacob
7. Esau et ses femmes
8. Moïse et ses épouses
9. Gideon et ses nombreuses épouses
10. Juges 8:30 et les fils de Gideon
11. Elkana, Anne et Peninna
12. David et ses épouses

# "Entre Foi et Pluralité : Le Christianisme Face à la Polygamie"

## Auteur : Dr. TOH

"Entre Foi et Pluralité : Le Christianisme Face à la Polygamie" est un ouvrage approfondi et éclairant rédigé par le Dr. TOH, qui explore les aspects complexes de la polygamie dans le contexte du christianisme. À travers une analyse rigoureuse de diverses sources bibliques et d'études théologiques, ce livre cherche à fournir une compréhension nuancée de la position de la polygamie dans les enseignements chrétiens et dans les sociétés contemporaines.

Le Dr. TOH examine les textes bibliques qui abordent le mariage et les relations familiales, ainsi que les exemples historiques de polygamie dans l'Ancien Testament. Il met en évidence les différentes interprétations et perspectives concernant ces passages, tout en offrant un contexte culturel et historique pour une meilleure compréhension de la question.

L'ouvrage explore également les dimensions éthiques et spirituelles de la polygamie dans la vie chrétienne, en discutant des défis et des dilemmes auxquels les croyants polygames et leurs communautés peuvent être confrontés.

## Chapitre 1 : La notion de péché dans la Bible et le Talmud

La notion de péché est au cœur de la tradition judéo-chrétienne, ayant une importance centrale tant dans l'Ancien Testament (Bible hébraïque) que dans le Nouveau Testament (Bible chrétienne) et le Talmud (texte central du judaïsme rabbinique). Ce chapitre vise à explorer la conception du péché dans ces textes sacrés, en fournissant des références pour mieux comprendre les origines et les implications du péché.

### 1.1 Péché originel et chute de l'homme (Genèse 2-3)

La Bible présente l'origine du péché dans le récit de la création, où Adam et Ève transgressent le commandement de Dieu en mangeant le fruit de l'arbre de la connaissance du bien et du mal (Genèse 2:17 ; 3:1-7). Ce péché, connu sous le nom de péché originel, entraîne la chute de l'humanité et la séparation d'avec Dieu (Genèse 3:22-24).

### 1.2 Conséquences du péché et nécessité de la rédemption

Le péché a des conséquences à la fois sur l'individu et sur la société. Il provoque la souffrance, la maladie, la mort (Genèse 3:16-19) et engendre la colère de Dieu (Genèse 6:5-7). Les prophètes de l'Ancien Testament insistent sur la nécessité de se repentir et de rechercher la rédemption pour rétablir la relation avec Dieu (Ésaïe 1:16-20 ; Jérémie 3:12-14).

### 1.3 Péché et repentir dans le Talmud
Le Talmud reconnaît également la gravité du péché et souligne l'importance du repentir (téchouva) pour réparer la relation avec Dieu. Le Talmud enseigne que Dieu est miséricordieux et accorde le pardon à ceux qui se repentent sincèrement (Yoma 86a). Le repentir consiste en un changement de comportement, une confession des péchés et une résolution de ne plus pécher (Maimonides, Mishneh Torah, Hilkhot Teshuvah).

### 1.4 Le péché dans le Nouveau Testament
Dans le Nouveau Testament, Jésus-Christ est présenté comme le Sauveur qui libère l'humanité du péché (Jean 3:16-17 ; Romains 3:23-26). Le péché est décrit comme une condition universelle qui affecte tous les êtres humains (Romains 3:9-20) et qui conduit à la mort spirituelle (Romains 6:23). La grâce de Dieu, offerte par la foi en Jésus-Christ.

Les Dix Commandements, également connus sous le nom de Décalogue, sont un ensemble de principes éthiques et moraux donnés par Dieu à Moïse sur le mont Sinaï, selon la tradition judéo-chrétienne. Ils sont énoncés dans la Bible, dans les livres de l'Exode et du Deutéronome, et servent de base à la morale et aux lois religieuses. La notion de péché dans les Dix

Commandements est liée à la désobéissance à ces commandements, qui est considérée comme un acte contraire à la volonté divine.

Voici les Dix Commandements et les péchés principaux qui leur sont associés :

1. Tu n'auras pas d'autres dieux devant moi.
- Péché : Idolâtrie - adorer ou vénérer d'autres dieux ou idoles à la place de Dieu.
2. Tu ne te feras pas d'image taillée, ni aucune ressemblance de ce qui est en haut dans les cieux, ni en bas sur la terre, ni dans les eaux sous la terre. Tu ne te prosterneras pas devant elles et tu ne les serviras pas.
- Péché : Idolâtrie - vénérer des images, des idoles ou des représentations de Dieu.
3. Tu ne prendras pas le nom de l'Éternel, ton Dieu, en vain.
- Péché : Blasphème - utiliser le nom de Dieu de manière irrespectueuse, fausse ou pour des raisons futiles.
4. Souviens-toi du jour du repos, pour le sanctifier.
- Péché : Violation du Sabbat - ne pas observer le jour du repos et ne pas le consacrer à Dieu.
5. Honore ton père et ta mère.
- Péché : Désobéissance ou manque de respect envers ses parents.
6. Tu ne tueras point.
- Péché : Meurtre - ôter volontairement la vie d'une autre personne.
7. Tu ne commettras point d'adultère.

- Péché : Adultère - avoir des relations sexuelles en dehors du mariage ou avec le conjoint d'une autre personne.
8. Tu ne déroberas point.
- Péché : Vol - prendre illégalement la propriété d'autrui.
9. Tu ne porteras point de faux témoignage contre ton prochain.
- Péché : Fausse déclaration ou mensonge - déformer ou mentir sur les faits ou les événements pour nuire à autrui.
10. Tu ne convoiteras point la maison de ton prochain; tu ne convoiteras point la femme de ton prochain, ni son serviteur, ni sa servante, ni son bœuf, ni son âne, ni aucune chose qui appartient à ton prochain.
- Péché : Convoitise - désirer de manière inappropriée ou excessive les biens, la position ou les relations d'autrui.

En somme, les Dix Commandements énoncent les principaux péchés que les croyants devraient éviter afin de vivre conformément à la volonté de Dieu. Les péchés sont des actions, des pensées ou des désirs contraires aux lois divines et aux enseignements de la religion.

Il est important de noter que la polygamie n'est pas explicitement mentionnée dans ces commandements. Les Dix Commandements servent de base éthique et morale pour les croyants, mais ne couvrent pas toutes les situations ou pratiques culturelles.

La polygamie, en tant que pratique sociale et culturelle, varie selon les contextes et les époques. Les enseignements religieux, y compris ceux du judaïsme et du christianisme, peuvent être interprétés de différentes manières concernant cette pratique. Il est crucial de considérer les différentes perspectives et interprétations lorsqu'on examine les questions liées aux enseignements religieux et aux traditions culturelles.

En résumé, les Dix Commandements ne mentionnent pas directement la polygamie, et différentes interprétations peuvent en découler en fonction du contexte culturel ou religieux. La question de la polygamie est complexe et peut être comprise différemment selon les traditions et les enseignements religieux.

*La polygamie, en tant que pratique sociale et culturelle, est-elle considérée péché par Dieu ?*

La question de savoir si la polygamie est considérée comme un péché par Dieu dépend de la religion, de la tradition et de l'interprétation des textes sacrés. Voici quelques points de vue des trois principales religions monothéistes:

Judaïsme: Dans l'Ancien Testament, la polygamie était pratiquée par certains patriarches comme Abraham, Jacob et David. Cependant, au fil du temps, la polygamie est devenue moins courante dans la société juive. La plupart des communautés juives contemporaines ne pratiquent pas et ne soutiennent pas la polygamie, en grande partie en raison des lois civiles et de l'évolution des normes sociales.

Christianisme: Les enseignements du Nouveau Testament soulignent le mariage entre un homme et une femme, et la plupart des communautés chrétiennes contemporaines considèrent la polygamie comme inacceptable et contraire à la volonté de Dieu. Les passages bibliques comme Matthieu 19:4-6 et 1 Corinthiens 7:2 sont souvent cités pour soutenir la vision du mariage monogame. Cependant, il existe des groupes chrétiens minoritaires qui interprètent les Écritures différemment et tolèrent la polygamie.

Dans la Torah et la Bible, il n'y a pas de condamnation explicite et directe de la polygamie. Cependant, il existe des passages qui mettent l'accent sur l'union entre un homme et une femme, qui peuvent être interprétés comme une préférence pour le mariage monogame. Voici quelques exemples:

Genèse 2:24 : Ce verset déclare : "C'est pourquoi l'homme quittera son père et sa mère et s'attachera à sa femme, et ils deviendront une seule chair." Ce passage semble souligner l'union entre un homme et une femme dans le mariage.

Matthieu 19:4-6 : Dans le Nouveau Testament, Jésus se réfère au passage de la Genèse mentionné ci-dessus et ajoute : "Ils ne sont donc plus deux, mais une seule chair. Que l'homme ne sépare donc pas ce que Dieu a uni." Cela renforce l'idée du mariage comme une union entre un homme et une femme.

1 Corinthiens 7:2 : L'apôtre Paul écrit : "Mais, à cause des tentations à l'impudicité, que chacun ait sa femme, et que chaque femme ait son mari." Ce verset, bien que ne condamnant pas explicitement la polygamie, met l'accent sur le mariage monogame.

1 Timothée 3:2 et Tite 1:6 : Ces passages donnent des instructions pour la sélection des dirigeants de l'Église, en disant qu'un évêque ou un ancien doit être "mari d'une seule femme". Bien que cela ne constitue pas une condamnation explicite de la polygamie pour tous les croyants, cela indique une préférence pour la monogamie parmi les leaders chrétiens.

En somme, bien qu'il n'y ait pas de condamnation directe de la polygamie dans la Torah et la Bible, plusieurs passages mettent l'accent sur l'union entre un homme et une femme et peuvent être interprétés comme une préférence pour le mariage monogame. Les perspectives sur la polygamie varient en fonction des traditions religieuses et des interprétations des textes sacrés.

## Le péché

Le péché est un concept important dans la Bible et le Talmud, deux textes sacrés pour les chrétiens et les juifs, respectivement. Voici un aperçu en quatre chapitres, chacun présentant des références et des numéros de versets pour aider à la compréhension du péché dans ces textes:

Chapitre 1: Définition et origine du péché
Bible:
- Genèse 3:1-24 : L'histoire d'Adam et Ève, qui explique l'origine du péché dans le monde.
- Romains 3:23 : "Car tous ont péché et sont privés de la gloire de Dieu."

**Talmud:**
- Tractate Avot 4:2 : Le Talmud enseigne que la faute est souvent causée par la négligence.

Chapitre 2: Exemples de péchés spécifiques
**Bible:**
- Exode 20:1-17 : Les Dix Commandements qui énumèrent divers péchés.
- Galates 5:19-21 : "Œuvres de la chair" incluent des péchés tels que l'immoralité sexuelle, l'idolâtrie et l'ivresse.

**Talmud:**
- Tractate Sanhédrin 74a : Les trois péchés pour lesquels on doit mourir plutôt que de transgresser : l'idolâtrie, le meurtre et les crimes sexuels.

Chapitre 3: La repentance et le pardon des péchés
**Bible:**
- Actes 3:19 : "Repentez-vous donc et convertissez-vous, pour que vos péchés soient effacés."
- 1 Jean 1:9 : "Si nous confessons nos péchés, il est fidèle et juste pour nous pardonner nos péchés et nous purifier de toute injustice."

**Talmud:**
- Tractate Yoma 85b : Le Talmud enseigne que le repentir efface les péchés.

- Tractate Avot 1:6 : Le Talmud encourage à juger les autres favorablement.

Chapitre 4: Péché et rédemption

**Bible:**

- Romains 6:23 : "Car le salaire du péché, c'est la mort, mais le don gratuit de Dieu, c'est la vie éternelle en Jésus-Christ notre Seigneur."
- Jean 3:16 : "Car Dieu a tant aimé le monde qu'il a donné son Fils unique, afin que quiconque croit en lui ne périsse pas, mais qu'il ait la vie éternelle."

**Talmud:**

- Tractate Berakhot 34b : Le Talmud enseigne que la récompense pour la repentance est la rédemption et la proximité avec Dieu.
- Tractate Rosh Hashanah 16b-17a : Le Talmud parle des quatre nouvelles années, dont l'une est le Jour du Grand Pardon (Yom Kippour) où Dieu pardonne les péchés.

**Chapitre 1: Définition et origine du péché**

Dans la Bible, le péché est souvent défini comme un acte de désobéissance ou de transgression des lois divines établies par Dieu. L'origine du péché remonte à l'histoire d'Adam et Ève dans le jardin d'Éden (Genèse 3:1-24). Lorsqu'ils mangent du fruit défendu, ils désobéissent à Dieu, ce qui entraîne la chute de l'humanité et la séparation d'avec Dieu. Romains 3:23 souligne que tous les êtres humains sont pécheurs et privés de la gloire de Dieu.

Dans le Talmud, le péché est également considéré comme une violation des lois et des commandements de Dieu. Le Talmud (Tractate Avot 4:2) enseigne que la faute est souvent causée par la négligence, impliquant que l'inattention et la faiblesse humaine sont des facteurs contribuant au péché.

**Chapitre 2: Exemples de péchés spécifiques**

La Bible énumère divers péchés spécifiques. Les Dix Commandements (Exode 20:1-17) sont des exemples fondamentaux de lois divines. Ils interdisent l'idolâtrie, le blasphème, le non-respect du sabbat, le meurtre, l'adultère, le vol, le faux témoignage et la convoitise. Dans le Nouveau Testament, Galates 5:19-21 énumère les "œuvres de la chair", telles que l'immoralité sexuelle, l'idolâtrie, la sorcellerie, les inimitiés, les disputes et l'ivresse, comme étant des péchés.

Le Talmud (Tractate Sanhédrin 74a) mentionne les trois péchés pour lesquels on doit préférer mourir plutôt que de transgresser : l'idolâtrie, le meurtre et les crimes sexuels. Ces péchés sont considérés comme si graves que la vie humaine ne peut être préservée en les commettant.

**Chapitre 3: La repentance et le pardon des péchés**

Dans la Bible, le pardon des péchés est accessible par la repentance et la confession. Actes 3:19 appelle les croyants à se repentir et à se convertir afin que leurs péchés soient effacés. 1 Jean 1:9 promet que Dieu pardonnera et purifiera ceux qui confessent leurs péchés.

Le Talmud encourage également la repentance pour expier les péchés. Le Tractate Yoma 85b enseigne que le repentir efface les péchés et le Tractate Avot 1:6 encourage les individus à juger les autres favorablement, suggérant que la miséricorde et l'empathie sont essentielles pour comprendre et pardonner les péchés d'autrui.

**Chapitre 4: Péché et rédemption**

La Bible enseigne que la rédemption des péchés est possible grâce à la foi en Jésus-Christ. Romains 6:23 établit que le salaire du péché est la mort, mais le don gratuit de Dieu
est la vie éternelle en Jésus-Christ notre Seigneur. Jean 3:16 souligne que Dieu a tant aimé le monde qu'il a donné son Fils unique, afin que quiconque croit en lui ne périsse pas, mais qu'il ait la vie éternelle. La foi en Jésus et son sacrifice permet aux croyants d'accéder à la rédemption et d'échapper aux conséquences éternelles du péché.

Dans le Talmud, la rédemption est étroitement liée à la repentance et à la proximité avec Dieu. Le Tractate Berakhot 34b enseigne que la récompense pour la repentance sincère est la rédemption et la proximité avec Dieu. Le Talmud (Tractate Rosh Hashanah 16b-17a) parle également des quatre nouvelles années du calendrier juif, dont l'une est le Jour du Grand Pardon (Yom Kippour). Yom Kippour est une journée de jeûne, de prière et de repentance où les juifs demandent pardon à Dieu pour leurs péchés et espèrent être inscrits dans le "Livre de la Vie" pour l'année à venir.

Les concepts de péché, de repentance et de rédemption sont des éléments fondamentaux des traditions chrétienne et juive. Les deux traditions mettent l'accent sur l'importance de la repentance sincère et du retour à Dieu pour obtenir le pardon et la rédemption des péchés. Bien que les croyances spécifiques varient entre le christianisme et le judaïsme, les deux textes sacrés – la Bible et le Talmud – offrent des enseignements précieux sur la compréhension et la gestion du péché dans la vie spirituelle.


Selon la loi juive, ou la halakha, le mariage juif, appelé kiddouchin (sanctification) ou nissouïn, suit un processus avec plusieurs étapes importantes. Voici un aperçu des étapes clés avec des références bibliques et des sources fiables extérieures :
**Chidoukhim** (rencontres arrangées) : Les futurs époux se rencontrent souvent par l'intermédiaire d'un shadchan (entremetteur) qui aide à organiser les rencontres et faciliter les discussions. Cette étape n'est pas obligatoire et peut varier selon les communautés juives.

**Ketouba** (contrat de mariage) : La ketouba est un document légal en araméen qui énonce les droits et les responsabilités du mari envers sa femme. Ce contrat est signé par des témoins et est lu pendant la cérémonie de mariage (Référence : Talmud, Ketubot 10a-11a).

**Kiddouchin** (engagement) : Cette étape implique l'échange d'objets de valeur, généralement une bague, entre le marié et la mariée. Le marié déclare : "Harei at mekudeshet li betaba'at zo kedat Moshe veYisrael" ("Tu es consacrée à moi avec cette bague selon la loi de Moïse et d'Israël"). Deux témoins valides doivent être présents pour attester de l'acte (Référence : Deutéronome 24:1).

**Houppa** (dais nuptial) : La cérémonie se déroule sous la houppa, un dais nuptial symbolisant le foyer que le couple va créer. Le couple est escorté vers la houppa par leurs parents ou d'autres membres de la famille (Référence : Psaume 19:6).

**Cheva Brakhot** (sept bénédictions) : Sept bénédictions sont récitées par le rabbin ou d'autres personnes présentes à la cérémonie, louant et remerciant Dieu pour la création du monde, du peuple juif, et du couple (Référence : Talmud, Ketubot 7b).

**Brisat Hakeleh** (cassage du verre) : Le marié brise un verre avec son pied, symbolisant la destruction du Temple de Jérusalem et rappelant aux participants que même en temps de joie, on se souvient de la tristesse et de la perte (Référence : Talmud, Berakhot 30b-31a).

**Yihoud** (isolement) : Après la cérémonie, le couple est escorté vers une pièce privée où ils passent un moment seuls ensemble. Cela symbolise leur union et leur engagement l'un envers l'autre.

**Seoudat Nissouïn** (repas de noces) : Un repas festif est servi après la cérémonie pour célébrer le mariage, où les invités mangent, chantent, dansent et réjouissent avec le couple nouvellement marié.

**Références bibliques** : Genèse 2:24 Deutéronome 24:1 Psaume 19:6
*Sources fiables*

## Les cérémonies de la dot

La dot (en hébreu, נדוניה ou nedounia) est une tradition ancienne qui consiste à offrir un cadeau ou un bien, généralement de la part de la famille de la mariée au marié, dans le cadre du mariage. La dot était courante dans de nombreuses cultures et sociétés à travers l'histoire, y compris dans les mariages juifs.

Dans la loi juive, la dot peut être divisée en deux parties : la nedounia (dot proprement dite) et la mohar (contrepartie financière donnée par le marié). Le mohar était à l'origine une somme d'argent ou un bien offert par le marié à la mariée ou à sa famille pour assurer le bien-être de la femme et la protéger en cas de divorce ou de décès du mari (Références : Exode 22:16, Deutéronome 22:29). Au fil du temps, la pratique du mohar a évolué et a été intégrée dans la ketouba (contrat de mariage).

**La nedounia** est généralement constituée de biens ou d'argent donnés par la famille de la mariée au couple, qui peuvent être utilisés pour établir leur foyer et assurer leur sécurité financière. La tradition de la dot était plus courante dans les sociétés juives d'Europe de l'Est et du Moyen-Orient, bien qu'elle ait été pratiquée à divers degrés parmi les communautés juives du monde entier.

De nos jours, la pratique de la dot n'est plus courante dans la plupart des communautés juives, mais certaines traditions y font encore référence. Par exemple, lors de la lecture de la ketouba pendant la cérémonie de mariage, la valeur de la dot et du mohar peut être mentionnée, même si aucune somme d'argent réelle n'est échangée.
*Références bibliques : Exode 22:16   Deutéronome 22:29*

## La dot était-elle obligatoire?

Dans la tradition juive, la dot n'était pas obligatoire, mais elle était courante et encouragée, surtout dans les sociétés où la dot avait un rôle important pour assurer la sécurité financière de la mariée. La dot servait également à renforcer les liens familiaux et à montrer le soutien de la famille de la mariée au couple nouvellement marié.
La partie du mohar, qui était une somme d'argent ou un bien offert par le marié à la mariée ou à sa famille, était considérée comme une obligation du marié envers la mariée selon la loi juive. Le mohar était destiné à

protéger les intérêts financiers de la mariée en cas de divorce ou de décès du mari. Avec le temps, le mohar a été intégré dans le contrat de mariage (ketouba) et n'est plus considéré comme une obligation distincte du marié. Aujourd'hui, la dot n'est plus une pratique courante dans la plupart des communautés juives, et elle n'est certainement pas considérée comme une obligation. Cependant, il est important de se rappeler que les traditions varient entre les différentes communautés juives, et certaines communautés plus traditionnelles ou conservatrices pourraient encore observer des aspects de la coutume de la dot.

### À quel moment ils étaient considérés mari et femmes?

Selon la loi juive (halakha), un couple est considéré comme mari et femme une fois que les étapes clés de la cérémonie de mariage ont été accomplies. Le moment précis où ils sont considérés comme mari et femme dépend de l'accomplissement de l'étape du kiddouchin (engagement), qui a lieu pendant la cérémonie de mariage sous la houppa (dais nuptial).

Le kiddouchin est effectué lorsque le marié donne un objet de valeur, généralement une bague, à la mariée et prononce les mots "Harei at mekudeshet li betaba'at zo kedat Moshe veYisrael" ("Tu es consacrée à moi avec cette bague selon la loi de Moïse et d'Israël"). Cet échange doit être effectué en présence de deux témoins valides, qui attestent que le marié et la mariée ont accepté de se marier selon les lois juives.

Une fois le kiddouchin accompli, le couple est considéré comme mari et femme selon la loi juive. Cependant, la cérémonie de mariage se poursuit généralement avec d'autres étapes importantes, telles que la lecture de la ketouba (contrat de mariage), la récitation des Sheva Brakhot (sept bénédictions) et le cassage du verre.

Il convient de noter que certaines communautés juives séparent les étapes du kiddouchin et du nissouïn (mariage), effectuant d'abord le kiddouchin, puis le nissouïn à une date ultérieure. Dans ce cas, bien que le couple soit considéré comme engagé après le kiddouchin, ils ne deviennent réellement mari et femme qu'après le nissouïn. Cependant, cette pratique est moins courante de nos jours, et la plupart des communautés juives célèbrent le kiddouchin et le nissouïn lors de la même cérémonie.

**Selon la Bible, en quel moment sont-ils mari et femme?**
La Bible hébraïque (Tanakh) ne donne pas de description précise d'une cérémonie de mariage telle qu'elle est pratiquée aujourd'hui, et le concept de "mari et femme" est principalement dérivé de divers versets et des enseignements des sages juifs.

Dans la Bible, on peut trouver des allusions à l'union conjugale comme étant effective après l'échange d'objets de valeur, les relations sexuelles, ou lorsque le marié amène la mariée dans sa maison.

Par exemple, dans Genèse 24:67, il est écrit: "Isaac amena Rébecca dans la tente de sa mère Sara. Il prit Rébecca, elle devint sa femme, et il l'aima." Ici, on peut déduire que l'union conjugale entre Isaac et Rébecca est devenue effective après que Isaac ait amené Rébecca dans sa tente.

Cependant, la notion d'un engagement formel, le kiddouchin, est basée sur des sources rabbiniques, notamment le Talmud. Le verset Deutéronome 24:1 mentionne un "acte de divorce" (sefer kritut), qui implique qu'un acte d'engagement initial a dû avoir lieu avant que le couple soit considéré comme mari et femme.

De plus, l'échange d'objets de valeur est également soutenu par la source rabbinique. Le Talmud, dans Kiddushin 2a, précise que l'acte de mariage (kiddouchin) peut être accompli par l'échange d'un objet de valeur (argent, document, ou relations sexuelles) entre le marié et la mariée.

Il est important de noter que les pratiques de mariage dans la Bible étaient probablement très différentes de celles observées dans le judaïsme moderne. La cérémonie de mariage juive telle que nous la connaissons aujourd'hui s'est développée au fil du temps à partir de ces sources bibliques et talmudiques.

*Références bibliques :*
- Genèse 24:67
- Deutéronome 24:1
  Sources extérieures :
- Talmud, Kiddushin 2a

## Dans le cas où il y a viol?

Dans le cas d'un viol, la Bible hébraïque (Tanakh) traite du sujet dans le livre du Deutéronome. Selon Deutéronome 22:28-29, si un homme viole une femme célibataire, il est tenu de payer une amende à la famille de la femme et de l'épouser, si la famille le souhaite :

"Si un homme trouve une jeune fille vierge non fiancée, lui fait violence et couche avec elle, on les surprendra : l'homme qui aura couché avec elle donnera cinquante sicles d'argent au père de la jeune fille, et elle sera sa femme, parce qu'il l'a forcée; il ne pourra la renvoyer tant qu'il vivra."

Cependant, ces lois ont été établies dans le contexte de l'époque et de la culture où elles ont été écrites, et elles ne sont pas appliquées dans les sociétés modernes. Il est important de comprendre que les lois de la Bible doivent être considérées à la lumière de leur contexte historique et culturel.

Dans la tradition rabbinique ultérieure et la loi juive (halakha), il existe des lois et des protections plus détaillées pour les victimes de viol. La femme violée n'est pas obligée d'épouser son violeur et a le droit de refuser un tel mariage. Les sanctions et les amendes contre le violeur sont également établies, et les autorités civiles et religieuses peuvent intervenir pour protéger les droits et le bien-être de la victime.

Le judaïsme contemporain considère le viol comme un crime grave, et la justice pour les victimes de viol est traitée par les systèmes judiciaires civils et religieux en accord avec les lois modernes.

## Dans le cas où il y a eu séduction et fornication avant le mariage?

Dans le cas où il y a eu séduction et fornication avant le mariage, la Bible hébraïque (Tanakh) aborde cette situation dans le livre de l'Exode. Selon Exode 22:15-16 : "Si un homme séduit une vierge qui n'est pas fiancée, et couche avec elle, il paiera sa dot et la prendra pour femme. Si le père refuse de la lui donner, il paiera en argent la valeur de la dot des vierges."

Selon ce passage, si un homme séduit une femme célibataire et a des relations sexuelles avec elle, il doit payer sa dot et l'épouser. Si le père de la femme refuse le mariage, l'homme doit tout de même payer une compensation financière à la famille, équivalente à la dot des vierges.

Cependant, il est important de reconnaître que ces lois ont été établies dans le contexte de l'époque et de la culture où elles ont été écrites et ne reflètent pas nécessairement les normes contemporaines.

Dans le judaïsme moderne, les relations sexuelles avant le mariage ne sont pas encouragées et sont généralement considérées comme allant à l'encontre des principes religieux. Cependant, la façon dont ces situations sont traitées peut varier en fonction de la communauté juive et des circonstances spécifiques.

Dans la halakha (loi juive), les décisions concernant la séduction et la fornication avant le mariage reposent principalement sur les enseignements rabbiniques. Les sanctions spécifiques pour ces actions dépendent de divers facteurs, tels que le statut marital des individus impliqués et les circonstances entourant la situation.

Les conséquences varient en fonction des différentes communautés et peuvent inclure des mesures disciplinaires ou des conseils de la part des autorités religieuses. Il est également possible que des mariages soient encouragés dans certaines situations, mais cela dépend généralement de l'accord des individus et des familles concernées.

**Voici une liste de quelques mariages notables mentionnés dans l'Ancien Testament (Bible hébraïque ou Tanakh) :**

1. Adam et Ève : Le premier couple humain créé par Dieu (Genèse 2:21-25).
2. Abraham et Sara : Les patriarches du peuple juif, à qui Dieu a promis une descendance nombreuse (Genèse 12-21).
3. Isaac et Rébecca : Isaac est le fils d'Abraham et de Sara, et Rébecca est la fille de Bethuel (Genèse 24).
4. Jacob et Léa : Jacob, fils d'Isaac et de Rébecca, épouse d'abord Léa, la fille aînée de Laban, par tromperie (Genèse 29:15-25).
5. Jacob et Rachel : Jacob épouse ensuite Rachel, la fille cadette de Laban et l'amour de sa vie, après avoir travaillé

pour Laban pendant sept années supplémentaires (Genèse 29:15-30).

6. Juda et Tamar : L'histoire de Juda et Tamar, dans laquelle Tamar se déguise en prostituée pour séduire son beau-père Juda afin de préserver sa lignée (Genèse 38).
7. Moïse et Tsippora : Moïse, libérateur et législateur du peuple juif, épouse Tsippora, la fille de Jethro, le prêtre de Madian (Exode 2:15-21).
8. Samson et la femme philistine : Samson, un juge d'Israël doté d'une force surnaturelle, épouse une femme philistine (Juges 14).
9. Ruth et Boaz : Ruth, une femme moabite, épouse Boaz, un riche propriétaire terrien, après avoir suivi sa belle-mère Naomi en Israël (Livre de Ruth).
10. David et Mikal : David, le futur roi d'Israël, épouse Mikal, la fille du roi Saül (1 Samuel 18).
11. David et Bath-Sheba : David, roi d'Israël, a une liaison avec Bath-Sheba, la femme d'Urie le Hittite. Après la mort d'Urie, David épouse Bath-Sheba, et leur fils Salomon devient le successeur de David (2 Samuel 11-12).
12. Salomon et la reine de Saba : Bien que le mariage ne soit pas explicitement mentionné dans la Bible, certaines traditions suggèrent que Salomon, le roi d'Israël et fils de David, aurait épousé la reine de Saba (1 Rois 10, 2 Chroniques 9).

Il est important de noter que l'Ancien Testament contient de nombreuses autres histoires de mariage, ainsi que des exemples de polygamie, qui était une pratique courante à l'époque.

# Chapitre 1: Introduction à la polygamie dans la Bible

La polygamie est la pratique d'avoir plusieurs conjoints en même temps, et elle est mentionnée à plusieurs reprises dans la Bible. Bien que les lois et les normes morales aient évolué tout au long de l'histoire, la polygamie était une pratique courante et acceptée dans certaines cultures bibliques.

Dans l'Ancien Testament, plusieurs personnages importants avaient plusieurs épouses ou concubines. Les motifs pour la polygamie varient, allant de la volonté de procréer et d'établir une descendance, à des raisons politiques ou économiques. Il est important de noter que, bien que la polygamie soit documentée dans la Bible, cela ne signifie pas nécessairement que la pratique est approuvée ou soutenue par les enseignements bibliques. En fait, de nombreux récits mettent en évidence les complications et les conflits qui découlent de la polygamie.

Dans le Nouveau Testament, l'accent est davantage mis sur le mariage monogame. Jésus et Paul, par exemple, enseignent l'importance de l'engagement mutuel et de la fidélité entre un homme et une femme. La polygamie est généralement découragée dans le Nouveau Testament, en particulier pour les dirigeants de l'église.

Ce livre explorera les personnages et les enseignements bibliques liés à la polygamie en examinant les récits du début de la Genèse jusqu'à l'Apocalypse. Nous analyserons les différentes raisons pour lesquelles la polygamie était pratiquée et comment elle était perçue dans les diverses cultures et époques bibliques. Les chapitres suivants se pencheront sur des personnages spécifiques et leurs expériences avec la polygamie, ainsi que sur les lois et les enseignements qui traitent de cette pratique dans la Bible.

## Chapitre 2: Polygamie dans la Genèse: les patriarches

La polygamie est un thème récurrent dans les récits des patriarches dans la Genèse. Les patriarches sont des figures clés dans la lignée d'Abraham et comprennent Abraham lui-même, Isaac, et Jacob. Bien qu'Isaac soit monogame, Abraham et Jacob ont plusieurs épouses et concubines.

Abraham (Genèse 16:1-4; 25:1-6)
Abraham avait deux épouses: Sarah, son épouse principale, et Hagar, une servante égyptienne donnée à Abraham par Sarah (Genèse 16:1-4). La polygamie d'Abraham est motivée par le désir d'avoir un enfant, car Sarah est stérile (Genèse 16:1-2). Hagar donne naissance à Ismaël, mais plus tard, Sarah a un fils, Isaac, par un

miracle divin (Genèse 21:1-7). Après la mort de Sarah, Abraham prend une autre épouse nommée Ketura et a six autres fils avec elle (Genèse 25:1-6).

Jacob (Genèse 29:15-30; 30:1-24)
Jacob est un autre exemple de polygamie dans la Genèse. Il travaille pour son oncle Laban pendant sept ans en échange de l'épouser Rachel, qu'il aime (Genèse 29:15-20). Cependant, Laban trompe Jacob et lui donne d'abord sa fille aînée, Léa, comme épouse (Genèse 29:21-25). Jacob travaille encore sept ans pour obtenir Rachel (Genèse 29:26-30). Léa et Rachel ont chacune une servante, Bilha et Zilpa, respectivement, qui deviennent également des épouses de Jacob (Genèse 30:1-13). Les quatre femmes donnent naissance aux douze fils de Jacob, qui deviennent les chefs des douze tribus d'Israël (Genèse 35:22-26).

La polygamie des patriarches révèle que cette pratique était courante à cette époque et dans cette culture. Cependant, les récits montrent également que la polygamie peut causer des tensions familiales, des rivalités entre les femmes et les enfants, et des problèmes de succession. Les histoires d'Abraham et de Jacob soulignent le besoin de s'appuyer sur la foi en Dieu plutôt que sur des pratiques culturelles pour résoudre des problèmes tels que l'infertilité ou la continuité familiale.

Abraham avait des concubines en plus de ses épouses Sarah et Ketura. Dans Genèse 25:6, il est écrit:
"Quant aux fils des concubines qu'Abraham avait, Abraham leur fit des dons. Puis il les éloigna, de son vivant, d'Isaac, son fils, en les envoyant vers l'est, dans le pays d'Orient."

Ce verset révèle qu'Abraham avait en effet plusieurs concubines, bien que leurs noms ne soient pas mentionnés. Il est important de noter que les concubines occupaient un statut inférieur à celui des épouses, et les enfants nés de ces relations avaient généralement moins de droits que les enfants nés d'épouses légitimes. Dans le cas d'Abraham, il a donné des cadeaux aux enfants de ses concubines et les a envoyés loin d'Isaac, qui était son héritier principal en tant que fils de Sarah.
Les concubines d'Abraham illustrent la complexité des relations familiales et de la structure sociale à l'époque. La polygamie, y compris les relations avec les concubines, était acceptée dans cette culture, mais elle a également engendré des tensions et des rivalités entre les différents membres de la famille. Dans l'ensemble, l'histoire d'Abraham sert d'exemple pour comprendre la pratique de la polygamie et ses conséquences dans le contexte culturel et historique de l'Ancien Testament.
Les servantes de Léa et Rachel, Bilha et Zilpa, sont devenues également des femmes de Jacob. Cette situation est décrite dans le livre de la Genèse, chapitres 29 et 30.
Léa et Rachel étaient les filles de Laban, l'oncle de Jacob. Jacob servit Laban pendant 14 ans pour épouser Rachel,

qu'il aimait, mais il se retrouva également marié à Léa en raison d'une tromperie de Laban (Genèse 29:15-30). Dans ce contexte familial complexe, Léa et Rachel eurent recours à leurs servantes pour donner davantage d'enfants à Jacob.

Bilha, la servante de Rachel, devint la femme de Jacob sur l'insistance de Rachel (Genèse 30:3-5) :
"Et elle dit : Voici ma servante Bilha; va vers elle, et qu'elle enfante sur mes genoux, et j'aurai, moi aussi, des enfants par elle."
Bilha donna naissance à deux fils, Dan et Nephthali (Genèse 30:5-8).

De même, Léa, voyant qu'elle avait cessé d'enfanter, donna sa servante Zilpa à Jacob pour femme (Genèse 30:9-10) :
"Léa, voyant qu'elle avait cessé d'enfanter, prit Zilpa, sa servante, et la donna pour femme à Jacob."
Zilpa donna naissance à deux fils, Gad et Aser (Genèse 30:9-13).
Les quatre femmes de Jacob, Léa, Rachel, Bilha et Zilpa, mirent au monde les douze fils de Jacob, qui devinrent les chefs des douze tribus d'Israël (Genèse 35:22-26). Cette histoire met en évidence la complexité des relations familiales et de la polygamie dans l'Ancien Testament. La rivalité entre Léa et Rachel et leurs servantes montre également les difficultés et les tensions qui peuvent découler de telles situations.

## Chapitre 3: Les épouses de Lamech

Lamech, un descendant de Caïn, est le premier homme mentionné dans la Bible ayant pratiqué la polygamie. Son histoire est brièvement décrite dans le livre de la Genèse, chapitre 4, versets 19 à 24.

Lamech avait deux épouses, Ada et Tsilla (Genèse 4:19) : "Lamech prit deux femmes: le nom de l'une était Ada, et le nom de l'autre Tsilla."

Ada donna naissance à Jabal et Jubal, qui devinrent respectivement les ancêtres des nomades et des musiciens (Genèse 4:20-21). Tsilla, quant à elle, donna naissance à Tubal-Caïn, un forgeron, et à sa sœur Naama (Genèse 4:22).
L'histoire de Lamech souligne que la polygamie existait avant le déluge, montrant ainsi que la pratique remonte aux premiers temps de l'humanité. Cependant, le récit de Lamech est également associé à la violence et au péché. Lamech tue un homme et se vante de sa vengeance auprès de ses épouses (Genèse 4:23-24) :
"Et Lamech dit à ses femmes: Ada et Tsilla, écoutez ma voix! Femmes de Lamech, prêtez l'oreille à ma parole! J'ai tué un homme pour ma blessure, Et un jeune homme pour ma meurtrissure."

Ce récit montre non seulement la présence de la polygamie, mais aussi que Lamech est un personnage controversé. La violence de Lamech peut être interprétée comme un reflet de la corruption et du péché croissants dans le monde antédiluvien, culminant finalement dans le déluge (Genèse 6:5-8). En ce sens, l'histoire de Lamech et de ses épouses peut être comprise comme un avertissement sur les conséquences du péché et de la décadence morale, plutôt que comme une approbation de la polygamie.

Lamech est un personnage de l'Ancien Testament mentionné dans la lignée de Caïn, qui était le fils d'Adam et Ève et le frère d'Abel. La généalogie de Lamech est présentée dans le livre de la Genèse, chapitre 4, versets 17 à 18 :

"Caïn connut sa femme; elle conçut et enfanta Hénoc. Il bâtit ensuite une ville, et il donna à cette ville le nom de son fils Hénoc. Hénoc eut pour fils Irad, Irad engendra Mehujaël, Mehujaël engendra Metushaël, et Metushaël engendra Lamech."

Lamech est donc le descendant de Caïn à la cinquième génération. La vie sociale de Lamech est principalement connue par sa famille et ses interactions avec ses épouses, Ada et Tsilla, ainsi que par le récit de la violence qu'il a commise, comme mentionné précédemment (Genèse 4:19-24).

Le récit de Lamech dans la Genèse est bref et limité, et il est difficile de tirer des conclusions sur sa vie sociale en dehors de ces informations. Cependant, il est important de souligner que Lamech est présenté comme un personnage complexe, à la fois en tant que chef de famille et en tant qu'homme violent qui s'enorgueillit de sa vengeance. La généalogie de Lamech et l'histoire de sa descendance mettent en lumière l'évolution de la société humaine dans les premiers temps de la Bible, notamment en ce qui concerne les pratiques matrimoniales telles que la polygamie et les développements culturels tels que la musique, la métallurgie et le pastoralisme.

## Chapitre 4: Gideon et ses nombreuses épouses

Gideon, également connu sous le nom de Jerubbaal, est un personnage central du livre des Juges, apparaissant principalement dans les chapitres 6 à 8. Il est choisi par Dieu pour libérer les Israélites de l'oppression des Madianites. Voici un aperçu de la vie de Gideon et de sa relation avec Dieu :

L'appel de Gideon (Juges 6:11-24) : Gideon est approché par un ange de Dieu alors qu'il bat du blé dans un pressoir à vin pour le cacher des Madianites. L'ange s'adresse à Gideon en l'appelant "vaillant héros" et lui annonce que Dieu l'a choisi pour sauver Israël. Gideon doute de sa capacité à accomplir cette tâche, se considérant comme le plus faible de sa famille. Dieu rassure Gideon en lui disant qu'il sera avec lui et qu'il vaincra les Madianites.

La destruction de l'autel de Baal (Juges 6:25-32) : Dieu demande à Gideon de détruire l'autel de Baal et le poteau sacré d'Ashéra, des symboles de cultes païens, et de construire un autel pour Dieu à la place. Gideon obéit, mais il fait cela la nuit de peur des représailles de sa famille et des villageois. Quand les habitants découvrent ce qu'a fait Gideon, ils demandent à Joas, le père de Gideon, de le livrer. Joas refuse et défie les gens de plaider en faveur de Baal. C'est à ce moment que Gideon est surnommé Jerubbaal, signifiant "Que Baal plaide".

Le signe de la toison (Juges 6:36-40) : Gideon demande à Dieu un signe pour confirmer qu'il est vraiment l'instrument choisi pour libérer Israël. Il place une toison de laine sur le sol et demande à Dieu de faire en sorte que seule la toison soit mouillée de rosée le lendemain matin. Dieu exauce cette demande, puis Gideon demande un autre signe, inversant cette fois les conditions : que la toison reste sèche et le sol autour d'elle soit mouillé de rosée. Dieu exauce de nouveau sa demande, renforçant ainsi la foi de Gideon en sa mission divine.

La victoire sur les Madianites (Juges 7-8) : Gideon rassemble une armée pour affronter les Madianites. Cependant, Dieu lui dit de réduire son armée pour montrer que c'est Lui, et non la force humaine, qui donnera la victoire. Gideon sélectionne alors 300 hommes parmi les milliers qu'il avait rassemblés. Avec cette petite armée, Gideon attaque les Madianites, qui sont jetés dans la confusion et finissent par s'entretuer. Gideon poursuit les fuyards, et les Israélites sont finalement libérés de l'oppression madianite.

La relation de Gideon avec Dieu est marquée par une confiance croissante en Dieu et en Son pouvoir. Bien que Gideon ait eu des doutes initiaux sur sa capacité à être l'instrument de Dieu pour délivrer Israël, sa foi et sa confiance en Dieu grandissent tout au long de l'histoire. Gideon dépend de Dieu pour obtenir des signes, de la direction et du soutien dans sa mission.

Le refus de la royauté (Juges 8:22-23) : Après la victoire sur les Madianites, les Israélites demandent à Gideon de devenir leur roi et d'établir une dynastie royale. Cependant, Gideon refuse cette offre en disant : "Je ne régnerai pas sur vous, et mon fils ne régnera pas sur vous non plus ; c'est l'Éternel qui régnera sur vous." (Juges 8:23). Ce refus démontre la fidélité de Gideon envers Dieu et son désir de maintenir la souveraineté divine sur Israël.

L'éphod et le déclin spirituel (Juges 8:24-27) : Malgré les hauts faits de Gideon, il y a des aspects négatifs dans son histoire. Après sa victoire, Gideon demande aux Israélites de lui donner une partie du butin, dont il utilise l'or pour créer un éphod (un vêtement sacerdotal). Il place cet éphod dans sa ville, Ophra, où il devient un objet d'idolâtrie pour les Israélites. Cette action montre que même un homme de foi comme Gideon peut succomber à la tentation et compromettre sa relation avec Dieu.

La vie de Gideon dans la Bible illustre la relation dynamique entre un individu et Dieu, mettant en évidence la croissance de la foi, l'obéissance, mais aussi les défis et les tentations auxquels font face les croyants. Gideon, tout en étant un instrument de Dieu pour la délivrance d'Israël, a également montré des faiblesses dans sa vie personnelle, y compris sa pratique de la polygamie et la création de l'éphod qui a conduit à l'idolâtrie. Cette histoire complexe nous rappelle que même les héros de la foi sont des êtres humains imparfaits, qui dépendent de la grâce et de la miséricorde de Dieu.

Gideon est un juge d'Israël mentionné dans le livre des Juges, chapitres 6 à 8. Il est connu pour avoir libéré les Israélites de l'oppression des Madianites par l'intermédiaire de Dieu. La polygamie de Gideon est brièvement mentionnée dans la Bible, montrant à nouveau que cette pratique était courante à cette époque.

Gideon avait plusieurs épouses, bien que leur nombre exact ne soit pas précisé (Juges 8:30) :"Gédéon eut soixante-dix fils issus de lui, car il avait plusieurs femmes."

Outre ses épouses, Gideon avait également une concubine à Sichem, qui lui donna un fils nommé Abimelech (Juges 8:31) :
"Sa concubine, qui était à Sichem, lui donna aussi un fils, qu'il appela Abimélec."

Gideon est un personnage complexe dans la Bible, un homme de foi qui a été utilisé par Dieu pour délivrer Israël de l'oppression, mais qui avait aussi des imperfections, notamment en ce qui concerne sa vie de famille et ses relations polygames. Bien que les épouses de Gideon ne soient pas mentionnées en détail dans la Bible, leur présence dans l'histoire souligne la prévalence de la polygamie à cette époque.

La polygamie de Gideon a également eu des conséquences sur la descendance et les générations futures. Abimelech, son fils avec sa concubine, a finalement provoqué une guerre civile et commis des actes de violence envers ses frères, tuant 70 d'entre eux sur une seule pierre (Juges 9:5). Cette histoire met en évidence les complications et les conflits qui peuvent découler de la polygamie et des rivalités entre frères issus de différentes mères.

En résumé, le chapitre 4 se concentre sur l'histoire de Gideon, un personnage clé dans le livre des Juges, et sur sa pratique de la polygamie. En examinant les conséquences de cette pratique sur la vie de Gideon et sur les générations futures, ce chapitre met en lumière les difficultés et les défis auxquels les familles polygames peuvent être confrontées dans l'Ancien Testament.

## Chapitre 5 : David, roi d'Israël et ses nombreuses épouses

David, le roi emblématique d'Israël, est un personnage central de l'Ancien Testament. Connu pour être "un homme selon le cœur de Dieu" (1 Samuel 13:14), David a aussi eu plusieurs épouses et concubines, faisant de lui un exemple de polygamie dans la Bible.

Les premières épouses de David (1 Samuel et 2 Samuel) : David a épousé plusieurs femmes au cours de sa vie. Ses premières épouses étaient Mikal (1 Samuel 18:27), fille du roi Saül, et Ahinoam de Jezreel et Abigail de Carmel, toutes deux veuves (1 Samuel 25:42-43 ; 27:3). Chacune de ces femmes a joué un rôle particulier dans l'ascension de David au pouvoir et dans sa survie face aux ennemis.

Les autres épouses de David (2 Samuel 5:13) : Lorsque David devint roi de Jérusalem, il prit encore "plus de concubines et de femmes". Bien que la Bible ne précise pas le nombre total d'épouses et de concubines de David, il est clair qu'il en avait un grand nombre.

Bethsabée et le péché de David (2 Samuel 11-12) : L'une des histoires les plus célèbres et les plus tragiques de la vie de David est son adultère avec Bethsabée, l'épouse d'Urie le Hittite, un de ses soldats loyaux. David a couché avec Bethsabée alors qu'Urie était en guerre, puis a orchestré la mort d'Urie pour dissimuler l'affaire (2 Samuel 11). Bien que Dieu ait pardonné à David ce péché après qu'il ait exprimé son repentir (2 Samuel 12), cette histoire montre que même un homme pieux comme David peut succomber à la tentation et au péché en ce qui concerne ses relations avec les femmes.

Les conséquences de la polygamie de David : La polygamie de David a eu des conséquences tragiques sur sa famille et son règne. Ses fils, issus de différentes épouses, étaient souvent en conflit, et plusieurs d'entre eux se sont rebellés contre David ou se sont affrontés pour le trône (par exemple, Absalom et Adonija). L'histoire de Tamar, la fille de David, violée par son demi-frère Amnon (2 Samuel 13), est un exemple des conflits familiaux et des tragédies qui ont résulté de la polygamie de David.

En résumé, le chapitre 5 explore la vie de David, l'un des rois les plus importants et les plus respectés d'Israël, et sa pratique de la polygamie. Bien que David ait été un homme de foi et un leader fort, sa vie personnelle était loin d'être sans faille. Les nombreuses épouses et concubines de David, ainsi que l'adultère avec Bethsabée, mettent en lumière les problèmes moraux et familiaux liés à la polygamie. Les conséquences de cette pratique dans la vie de David soulignent l'importance de considérer les choix personnels et leurs répercussions.

2 Samuel 12:7-8, après l'adultère de David avec Bethsabée et l'assassinat d'Urie, Dieu envoie le prophète Nathan pour confronter David. Dieu rappelle à David tout ce qu'Il lui a donné et ajoute qu'Il aurait pu lui donner encore plus, y compris d'autres épouses, si David avait simplement demandé :

7 Nathan dit alors à David: C'est toi cet homme-là! Ainsi parle l'Éternel, le Dieu d'Israël: Je t'ai oint pour roi sur Israël, et je t'ai délivré de la main de Saül;
8 Je t'ai donné la maison de ton maître, et j'ai placé dans ton sein les femmes de ton maître; je t'ai donné la maison d'Israël et de Juda, et si cela eût été peu de chose, j'y aurais encore ajouté.

Ces versets montrent que Dieu aurait été prêt à donner plus à David, y compris d'autres épouses, si cela avait été nécessaire. Cependant, il est important de noter que Dieu exprime ici Son mécontentement envers David pour avoir commis l'adultère avec Bethsabée et orchestré la mort d'Urie. Le message principal de ce passage est de montrer que David aurait dû faire confiance à Dieu pour pourvoir à ses besoins et désirs au lieu de céder à la tentation et de commettre des actes immoraux.

Cet épisode souligne également la complexité de la perspective biblique sur la polygamie. Bien que la polygamie soit pratiquée par de nombreux personnages de l'Ancien Testament, et même apparemment tolérée par Dieu dans certaines situations, il est évident que cela a souvent conduit à des problèmes et des conflits familiaux, ainsi qu'à des actes immoraux. Les histoires de David et d'autres personnages bibliques polygames invitent à réfléchir sur les choix personnels et leur impact sur les relations familiales, ainsi que sur la foi et l'obéissance à Dieu.

## Chapitre 6 : Salomon, la sagesse et l'excès de polygamie

Salomon, fils de David et Bethsabée, est célèbre pour sa sagesse et sa richesse. Bien que la Bible le dépeigne comme un grand roi, il est également connu pour sa pratique extrême de la polygamie, qui a finalement conduit à son déclin spirituel.

L'ascension de Salomon (1 Rois 1-2) : Salomon succède à David en tant que roi d'Israël. Grâce à l'intervention de sa mère, Bethsabée, et du prophète Nathan, Salomon est choisi pour être roi, écartant ainsi Adonija, qui tentait de s'emparer du trône.

La sagesse de Salomon (1 Rois 3-4) : Salomon est surtout connu pour sa sagesse, qu'il a demandée à Dieu après son couronnement. Dieu lui accorde une sagesse sans précédent, ainsi que la richesse et la prospérité. Le jugement célèbre de Salomon concernant deux femmes se disputant un bébé (1 Rois 3:16-28) est un exemple de sa sagesse divine.

Les nombreuses épouses de Salomon (1 Rois 11:1-4) : Contrairement à son père David, qui avait plusieurs épouses et concubines, Salomon a poussé la polygamie à un extrême, ayant 700 épouses et 300 concubines. Parmi elles se trouvaient des princesses étrangères, dont des Moabites, Ammonites, Édomites, Sidoniennes et Hittites.

L'impact négatif de la polygamie (1 Rois 11:4-8) : La polygamie de Salomon a eu des conséquences dévastatrices sur sa vie spirituelle. Beaucoup de ses épouses étrangères adoraient des dieux païens et l'ont influencé à suivre leurs pratiques religieuses idolâtres. La Bible nous dit que le cœur de Salomon s'est détourné de Dieu à cause de ces femmes : "Lorsque Salomon fut vieux, ses femmes inclinèrent son cœur vers d'autres dieux; et son cœur ne fut point tout entier à l'Éternel, son Dieu, comme l'avait été le cœur de David, son père." (1 Rois 11:4)

Les conséquences du déclin spirituel de Salomon (1 Rois 11:9-13) : En raison de l'idolâtrie de Salomon, Dieu annonce qu'Il va diviser le royaume après la mort de Salomon. Dieu promet toutefois de laisser une partie du royaume à la descendance de Salomon, en l'honneur de David.

En résumé, le chapitre 6 examine la vie de Salomon, un roi remarquable pour sa sagesse et sa richesse, mais aussi pour sa polygamie excessive. Les conséquences de cette polygamie, notamment le détournement du cœur de Salomon de Dieu et l'introduction de l'idolâtrie en Israël, mettent en lumière les dangers et les coûts personnels et spirituels de cette pratique.

L'histoire de Salomon nous rappelle que même les dirigeants les plus sages et les plus puissants peuvent être tentés par les désirs de la chair et en subir les conséquences dévastatrices.

La Bible ne fournit pas une liste détaillée des enfants de Salomon, et il y a peu d'informations spécifiques sur eux. Cependant, on sait que Salomon a eu un fils nommé Roboam, qui lui a succédé en tant que roi d'Israël après sa mort.

Roboam (1 Rois 11:43; 1 Rois 14:21) : Roboam était le fils de Salomon et de Naama, une Ammonite. Après la mort de Salomon, Roboam est devenu roi d'Israël, mais son règne a été marqué par des conflits et des divisions. Sous Roboam, le royaume d'Israël a été divisé en deux: le royaume du nord (Israël) et le royaume du sud (Judée). Roboam est resté roi du royaume du sud (Judée) après la division (1 Rois 12).

Compte tenu des 700 épouses et 300 concubines de Salomon, il est probable qu'il ait eu beaucoup d'autres enfants. Cependant, leurs noms et leurs histoires ne sont pas consignés dans la Bible. Les Écritures se concentrent principalement sur Roboam en raison de son rôle en tant que roi d'Israël et de son implication dans la division du royaume.

La succession de Roboam (1 Rois 11:43; 1 Rois 12:1-15) : Après la mort de Salomon, Roboam a pris la succession du trône. Les Israélites ont demandé à Roboam de réduire le fardeau fiscal que Salomon avait imposé au peuple. Roboam a consulté les conseillers plus âgés de son père et les jeunes conseillers de sa propre génération. Alors que les conseillers plus âgés ont suggéré à Roboam d'assouplir les taxes pour gagner la loyauté du peuple, les jeunes conseillers ont recommandé de maintenir une position dure et d'augmenter les taxes. Roboam a choisi de suivre le conseil des jeunes conseillers.

La division du royaume (1 Rois 12:16-24) : La décision de Roboam d'augmenter les taxes a provoqué une révolte parmi les tribus du nord d'Israël, qui ont choisi de se séparer et de former leur propre royaume. Ces tribus ont élu Jéroboam, un ancien fonctionnaire de Salomon, comme leur roi. Ainsi, le royaume d'Israël a été divisé en deux : le royaume du nord (Israël) sous le règne de Jéroboam et le royaume du sud (Judée) sous le règne de Roboam.

Le règne de Roboam (1 Rois 14:21-31; 2 Chroniques 10-12) : Le règne de Roboam est caractérisé par des conflits avec le royaume du nord, la décadence spirituelle et l'invasion du royaume de Judée par le pharaon égyptien Shishak...

## Chapitre 7 : Les concubines de Jacob

Dans ce chapitre, nous examinerons le cas de Jacob et ses concubines, qui étaient également les servantes de ses épouses Léa et Rachel. Cette situation illustre comment la polygamie a entraîné des tensions et des rivalités familiales.

Contexte : Jacob, fils d'Isaac et petit-fils d'Abraham, a fui la maison de son père après avoir trompé son frère aîné, Ésaü, pour obtenir la bénédiction d'Isaac. Jacob est envoyé chez Laban, le frère de sa mère, pour chercher une femme parmi ses propres parents.

Les mariages de Jacob (Genèse 29:15-30) : Jacob travaille pour Laban et tombe amoureux de sa fille cadette, Rachel. Il travaille pendant sept ans pour Laban en échange de la main de Rachel en mariage. Cependant, Laban le trompe et lui donne sa fille aînée, Léa, à la place. Jacob travaille alors sept années supplémentaires pour épouser Rachel, la femme qu'il aime.

Les concubines de Jacob (Genèse 30:1-13) : Léa et Rachel ont chacune une servante, respectivement Zilpa et Bilha. Lorsque Léa cesse d'avoir des enfants et que Rachel est stérile, elles donnent chacune leur servante à Jacob pour avoir des enfants par elles, afin d'augmenter le nombre de descendants de Jacob. Ainsi, Zilpa et Bilha deviennent des concubines de Jacob.

Les enfants de Jacob (Genèse 29:31-30:24; Genèse 35:16-20) : Jacob a 12 fils et une fille de ses quatre épouses (Léa, Rachel, Zilpa et Bilha). Les 12 fils deviendront les patriarches des 12 tribus d'Israël. Les fils nés des concubines sont Gad et Aser (fils de Zilpa) et Dan et Nephtali (fils de Bilha).

Les rivalités familiales (Genèse 30:1-8) : La polygamie et la concurrence pour avoir des enfants ont entraîné des tensions et des rivalités au sein de la famille de Jacob. Les deux sœurs, Léa et Rachel, se disputent la faveur de Jacob et l'opportunité d'avoir des enfants avec lui, et leurs servantes-concubines deviennent des pions dans cette compétition.

Le cas de Jacob et de ses concubines montre comment la polygamie peut provoquer des problèmes familiaux et des conflits. Bien que Jacob soit un personnage central de l'histoire biblique et le père des 12 tribus d'Israël, les récits sur sa famille illustrent les complications liées à la polygamie dans la société de l'époque.

## Y a-t-il un passage dans la bible dans lequel Dieu fait des reproches à cause de la polygamie ?

l n'y a pas de passage spécifique dans la Bible où Dieu fait directement des reproches à quelqu'un pour avoir pratiqué la polygamie. Cependant, la Bible contient des passages qui montrent la désapprobation de Dieu pour certaines pratiques liées à la polygamie ou des situations dans lesquelles la polygamie a conduit à des problèmes.

Par exemple, dans l'histoire de David et Bethsabée (2 Samuel 11-12), Dieu est en colère contre David pour avoir commis l'adultère avec Bethsabée et orchestré la mort de son mari, Urie. Bien que cette histoire concerne principalement l'adultère et le meurtre, il convient de noter que David était déjà polygame avant de prendre Bethsabée pour femme. La colère de Dieu envers David dans cette situation montre que la polygamie ne donne pas carte blanche pour accumuler les épouses sans conséquences.
De plus, Deutéronome 17:17 avertit spécifiquement les futurs rois d'Israël de ne pas accumuler un grand nombre de femmes, car cela pourrait les éloigner de Dieu :

"Aucun roi ne devra prendre un grand nombre de femmes pour ses épouses, car cela le pousserait à être infidèle à l'égard de Dieu, ni s'assurer un trésor considérable d'argent et d'or."

Bien que cet avertissement ne condamne pas directement la polygamie, il met en garde contre l'accumulation d'un grand nombre d'épouses, une pratique qui pourrait avoir des conséquences négatives sur la relation avec Dieu.

Dans l'ensemble, la Bible ne présente pas de passage où Dieu condamne explicitement la polygamie. Cependant, plusieurs récits bibliques démontrent les problèmes et les conflits qui peuvent survenir à cause de la polygamie et avertissent des conséquences possibles de cette pratique.

L'avertissement dans Deutéronome 17:17 n'est pas nécessairement un refus total de la polygamie de la part de Dieu, mais il met en garde contre les dangers potentiels de cette pratique, en particulier pour les rois d'Israël. L'avertissement indique que l'accumulation d'un grand nombre de femmes peut entraîner un roi à être infidèle à l'égard de Dieu.

Cela peut être interprété comme une reconnaissance du fait que la polygamie était une pratique courante dans la société de l'époque, mais que cela pouvait entraîner des conséquences négatives pour la relation avec Dieu, surtout lorsqu'il s'agit de dirigeants importants. Cependant, cela n'équivaut pas à une interdiction totale ou à une condamnation explicite de la polygamie.

Dans l'ensemble, l'approche de la Bible envers la polygamie est nuancée. Bien que plusieurs personnages bibliques importants aient été polygames, leurs histoires montrent également les problèmes et les conflits qui peuvent découler de cette pratique. La Bible ne condamne pas explicitement la polygamie, mais elle avertit de ses dangers potentiels et montre comment elle peut être source de problèmes au sein des familles et dans la relation avec Dieu.

## L'adultère selon la bible

L'adultère est un péché grave selon la Bible hébraïque (Tanakh) et est condamné dans plusieurs passages. Dans l'Ancien Testament, l'adultère est défini comme des relations sexuelles entre une personne mariée et quelqu'un d'autre que son conjoint, ou entre une personne célibataire et une personne mariée.

L'un des passages les plus importants condamnant l'adultère est le septième commandement du Décalogue (les Dix Commandements) : "Tu ne commettras point d'adultère" (Exode 20:14, Deutéronome 5:18).

La loi mosaïque traite également des conséquences de l'adultère. Selon Lévitique 20:10 et Deutéronome 22:22, la peine pour l'adultère est la mort par lapidation pour les deux parties impliquées :

"Si un homme commet un adultère avec une femme mariée, s'il commet un adultère avec la femme de son prochain, l'homme et la femme adultères seront punis de mort." (Lévitique 20:10)

"Si l'on trouve un homme couché avec une femme mariée, ils mourront tous deux, l'homme qui a couché avec la femme et la femme aussi. Tu ôteras ainsi le mal du milieu d'Israël." (Deutéronome 22:22)

L'adultère est également mentionné dans les Proverbes comme une source de ruine et de destruction pour ceux qui s'y livrent (Proverbes 6:32-35).

Dans la tradition juive ultérieure, la halakha (loi juive) aborde également l'adultère et établit des règles et des conditions strictes pour prouver l'infidélité. Des témoins valides et des preuves solides sont nécessaires pour établir un cas d'adultère.

Dans le Nouveau Testament, l'adultère est également condamné. Jésus enseigne que l'adultère va au-delà des actes physiques et inclut les désirs et les pensées impures (Matthieu 5:27-28). Jésus montre également de la miséricorde envers une femme surprise en flagrant délit d'adultère, en disant : "Que celui qui est sans péché parmi vous lui jette le premier une pierre" (Jean 8:7), suggérant que les gens devraient également examiner leurs propres péchés.

En résumé, l'adultère est clairement condamné dans la Bible, tant dans l'Ancien Testament que dans le Nouveau Testament, et est considéré comme un péché grave avec des conséquences potentiellement sévères.

L'adultère est fortement condamné dans la Bible, aussi bien dans l'Ancien Testament que dans le Nouveau Testament. Considéré comme un péché grave, il est mentionné dans les Dix Commandements et est associé à des conséquences dévastatrices pour ceux qui s'y livrent. La loi mosaïque stipule une peine de mort par lapidation pour les coupables d'adultère, soulignant ainsi la gravité de cet acte. Néanmoins, la tradition juive ultérieure établit des règles strictes pour prouver l'adultère, exigeant des témoins valides et des preuves solides.

Dans le Nouveau Testament, Jésus élargit la définition de l'adultère pour inclure les désirs et les pensées impures, démontrant que le péché va au-delà des actes physiques. Bien que Jésus condamne l'adultère, il montre également de la miséricorde envers une femme accusée d'adultère en encourageant l'autoréflexion parmi les accusateurs. La position biblique sur l'adultère met en évidence l'importance de la fidélité et de l'honnêteté au sein des relations conjugales, tout en appelant à la compassion et à la compréhension des imperfections humaines.

## Qui est considéré comme adultère quand une femme célibataire est surprise avec un homme marié ?

Dans la Bible hébraïque (Ancien Testament), l'adultère est défini comme des relations sexuelles entre une personne mariée et quelqu'un d'autre que son conjoint, ou entre une personne célibataire et une personne mariée. Dans le cas d'une femme célibataire surprise avec un homme marié, tous deux seraient considérés comme ayant commis l'adultère. Comme mentionné précédemment, Lévitique 20:10 et Deutéronome 22:22 décrivent les conséquences de l'adultère et stipulent que les deux parties impliquées dans l'adultère sont passibles de la peine de mort.

Il est important de souligner que les lois et les normes bibliques doivent être considérées dans leur contexte historique et culturel. Dans les sociétés modernes et au sein du judaïsme contemporain, l'adultère est toujours considéré comme un péché et un acte moralement répréhensible, mais les conséquences et la manière dont il est traité varient en fonction des communautés et des circonstances. La législation civile moderne aborde également l'adultère et l'infidélité d'une manière différente de celle de la Bible.

**Pourquoi, dans le cas de la femme adultère présentée à Jésus-Christ, l'homme avec qui elle a commis l'adultère n'a-t-il pas été montré également ?**

Dans l'histoire de la femme adultère présentée à Jésus, telle qu'elle est racontée dans l'Évangile selon Jean (8:1-11), il est vrai que l'homme avec qui elle a commis l'adultère n'est pas mentionné ni présent. Les raisons pour lesquelles seul la femme est présentée à Jésus ne sont pas clairement énoncées dans le récit biblique. Cependant, il y a quelques explications possibles :
Motivations des accusateurs : Les pharisiens et les scribes qui ont amené la femme adultère à Jésus cherchaient à le piéger en lui demandant de juger cette affaire selon la loi

mosaïque, qui prévoit la peine de mort par lapidation pour les personnes convaincues d'adultère (Deutéronome 22:22). Leur objectif principal était de tester Jésus et de le mettre en difficulté, plutôt que de chercher réellement la justice pour l'acte d'adultère. Il est donc possible que l'homme n'ait pas été présent parce que leur intention était de mettre l'accent sur la réaction de Jésus face à cette situation.

Double standard sociétal : À l'époque, il y avait souvent un double standard concernant la sexualité et l'infidélité dans la société. Les femmes étaient généralement tenues à des normes plus strictes que les hommes et subissaient des conséquences plus sévères en cas d'adultère. Il est donc possible que l'homme ait été traité différemment ou qu'il ait échappé à la capture en raison de ces normes sociales inégales.

Quelle que soit la raison pour laquelle l'homme n'était pas présent, l'accent dans cette histoire est mis sur la manière dont Jésus traite la situation. Plutôt que de se conformer aux exigences de la loi mosaïque, Jésus démontre la miséricorde et le pardon en disant : "Que celui qui est sans péché parmi vous lui jette le premier une pierre" (Jean 8:7). En faisant cela, Jésus encourage les accusateurs à examiner leurs propres péchés et imperfections, et il montre que la compassion et la miséricorde sont essentielles dans les situations de jugement moral.

**Dans cette situation, la polygamie ne constitue pas un adultère car un mariage a été célébré avec chaque épouse conformément aux lois et aux prescriptions bibliques, et toutes les étapes du mariage ont été respectées.**

C'est exact. Dans le contexte de l'Ancien Testament, si un homme épousait plusieurs femmes en suivant les lois et les prescriptions bibliques, et en respectant toutes les étapes du mariage pour chaque épouse, la polygamie n'était pas considérée comme un acte d'adultère.

*Voici les faits logiques concernant la polygamie et l'adultère dans la Bible :*

1. Dans l'Ancien Testament, la polygamie était pratiquée et acceptée dans certaines cultures et sociétés de l'époque, y compris parmi les Israélites. Des personnages bibliques notables, tels qu'Abraham, Jacob, David et Salomon, avaient plusieurs épouses.
2. La polygamie n'était pas considérée comme de l'adultère lorsqu'un homme épousait plusieurs femmes légalement, en respectant les coutumes et les lois de l'époque.
3. L'adultère, tel qu'il est défini dans l'Ancien Testament, concerne les relations sexuelles entre une personne mariée et quelqu'un d'autre que son conjoint, ou entre une personne célibataire et une personne mariée.

4. La polygamie et l'adultère sont des concepts distincts dans la Bible. La polygamie est une pratique matrimoniale qui implique plusieurs épouses, tandis que l'adultère est un acte d'infidélité sexuelle en dehors des liens du mariage.

En résumé, selon l'Ancien Testament, la polygamie n'était pas considérée comme de l'adultère lorsque les lois et les coutumes du mariage étaient respectées pour chaque épouse. Les deux concepts sont traités séparément dans la Bible.

## Chapitre 8 : La polygamie et la loi mosaïque

Dans ce chapitre, nous examinerons comment la polygamie est abordée dans la loi mosaïque et la manière dont les lois de l'Ancien Testament traitent des situations liées à la polygamie.

La loi mosaïque et la polygamie : Bien que la loi mosaïque n'interdise pas explicitement la polygamie, elle énonce des lois et des règles qui régissent certaines situations liées à la polygamie. Ces lois montrent que la polygamie était une pratique acceptée dans la société de l'époque, mais elles soulignent également les défis et les complications qui peuvent découler de cette pratique.

L'héritage et les droits des fils (Deutéronome 21:15-17) : La loi mosaïque stipule que dans une famille polygame, le père doit respecter les droits d'aînesse de son premier-né, même s'il préfère l'épouse de son second fils. Cela protège les droits de l'aîné et empêche le favoritisme d'un père pour une épouse spécifique de causer une injustice en matière d'héritage.

Le mariage avec la veuve d'un frère (Deutéronome 25:5-10) : La loi du lévirat stipule qu'un homme doit épouser la veuve de son frère s'ils n'ont pas d'enfants, afin de préserver le nom et l'héritage du frère défunt. Cela peut entraîner des situations de polygamie si l'homme est déjà marié. Toutefois, la veuve et le frère peuvent se soustraire à cette obligation si l'un des deux ne souhaite pas se marier.

Le traitement des épouses (Exode 21:10) : La loi mosaïque stipule qu'un homme qui prend une nouvelle épouse ne doit pas priver sa première épouse de ses droits, notamment en matière de nourriture, de vêtements et de relations conjugales. Cette loi vise à protéger les droits des épouses dans une situation polygame.

Les rois et la polygamie (Deutéronome 17:17) : Comme mentionné précédemment, la loi mosaïque met en garde les futurs rois d'Israël contre le fait de prendre trop de femmes, car cela pourrait les éloigner de Dieu. Bien que cette loi n'interdise pas explicitement la polygamie, elle reconnaît les dangers potentiels de cette pratique, en particulier pour les dirigeants.

En résumé, bien que la loi mosaïque n'interdise pas la polygamie, elle énonce des règles pour régir les situations

liées à la polygamie et protéger les droits des personnes impliquées. Ces lois montrent que la polygamie était une pratique acceptée dans la société de l'époque, mais elles mettent également en évidence les complications et les défis qui peuvent découler de cette pratique.
Exode 21:10 (NIV) : "Si un homme prend une autre femme, il ne doit pas priver la première de sa nourriture, de ses vêtements et de ses droits conjugaux."

Ce verset de la loi mosaïque établit que lorsqu'un homme prend une autre épouse en plus de sa première épouse, il doit veiller à ne pas négliger les droits et le bien-être de cette première épouse. Les droits mentionnés ici incluent la nourriture, les vêtements et les relations conjugales. Cette loi vise à protéger les droits des épouses dans une situation polygame.

Bien qu'il soit difficile de trouver des sources externes contemporaines de l'Ancien Testament qui abordent directement Exode 21:10, des éléments similaires se retrouvent dans des sources provenant de sociétés anciennes du Proche-Orient.

Le Code de Hammurabi (Code babylonien) : Rédigé environ en 1754 avant notre ère, le Code de Hammurabi est un ensemble de lois babyloniennes qui régissent divers aspects de la vie quotidienne. Dans la loi n° 137, il est stipulé que si un homme prend une deuxième épouse, il doit continuer à fournir les mêmes provisions et allocations à la première épouse. Cette loi reflète une préoccupation similaire à celle d'Exode 21:10 : protéger les droits des épouses dans une situation polygame.

Les lois hittites : Les Hittites étaient un peuple de l'Anatolie ancienne (aujourd'hui la Turquie), dont le royaume existait au deuxième millénaire avant notre ère. Les lois hittites abordaient également les questions liées à la polygamie. Selon certaines de ces lois, les femmes avaient le droit de recevoir une pension alimentaire en cas de divorce, et une femme qui était la seule à pouvoir donner naissance à des héritiers pouvait exiger d'être la seule épouse de son mari.

Ces exemples montrent que, bien que les sources externes ne traitent pas directement d'Exode 21:10, des préoccupations similaires concernant la protection des droits des épouses dans des situations polygames existaient dans d'autres sociétés anciennes du Proche-Orient. Les lois telles qu'Exode 21:10 et celles du Code de Hammurabi et des lois hittites reflètent une volonté commune de protéger les droits des femmes et d'éviter l'injustice et la négligence dans les situations polygames.

## Polygamie dans la société juive à l'époque biblique :

La polygamie était une pratique courante et acceptée dans la société juive de l'époque biblique. Plusieurs personnages bibliques importants, tels qu'Abraham, Jacob et David, avaient plusieurs épouses (Genèse 16:1-

3, Genèse 29:15-30, 2 Samuel 3:2-5). Bien que la Bible ne condamne pas explicitement la polygamie, elle présente souvent les défis et les complications qui peuvent découler de cette pratique, comme les rivalités et les conflits familiaux (par exemple, Genèse 29:31-30:24).

Polygamie et loi mosaïque : Bien que la loi mosaïque n'interdise pas explicitement la polygamie, elle énonce des règles pour régir les situations liées à la polygamie, comme le traitement des épouses (Exode 21:10), les droits des fils (Deutéronome 21:15-17), et la mise en garde pour les rois concernant la prise de trop de femmes (Deutéronome 17:17). Ces lois montrent que la polygamie était acceptée dans la société de l'époque, mais mettent également en évidence les complications et les défis qui peuvent en découler.

Polygamie dans la société juive à l'époque du Second Temple : La polygamie a continué d'être pratiquée dans la société juive pendant la période du Second Temple (536 av. J.-C. - 70 ap. J.-C.). Cependant, il semble que cette pratique était moins courante qu'à l'époque biblique. Le philosophe juif Philon d'Alexandrie (20 av. J.-C. - 50 ap. J.-C.) écrit que certains Juifs avaient encore plusieurs épouses à son époque, mais il critique également cette pratique et soutient que la monogamie est préférable (Philon, "De Specialibus Legibus", 3.30-31).

Polygamie à l'époque rabbinique : Au cours de la période rabbinique (de l'époque du Second Temple jusqu'au Moyen Âge), les rabbins ont commencé à limiter et décourager la polygamie. Le Talmud (un texte central du judaïsme rabbinique) reconnaît la polygamie, mais encourage également la monogamie (par exemple, Yevamot 65a). Plus tard, dans le cadre de la réforme du mariage juif, le rabbin Gershom ben Judah (960-1040) a émis une interdiction contre la polygamie pour les Juifs ashkénazes en Europe, appelée le "Cherem de Rabbeinou Gershom". Cette interdiction est restée en vigueur dans la communauté ashkénaze et a contribué à mettre fin à la pratique de la polygamie parmi eux.

Polygamie et judaïsme contemporain : De nos jours, la polygamie est largement interdite et rejetée dans la majorité des communautés juives à travers le monde. Certaines communautés juives séfarades et mizrahies, notamment en Afrique du Nord et au Moyen-Orient, ont continué à pratiquer la polygamie jusqu'au 20e siècle. Cependant, avec l'évolution des normes sociales et culturelles, ainsi que l'influence de la législation civile, la polygamie a été progressivement abandonnée dans la plupart de ces communautés.

La polygamie a été pratiquée dans la société juive pendant l'époque biblique et était acceptée, bien qu'avec certaines restrictions énoncées dans la loi mosaïque. À l'époque du Second Temple, la polygamie était moins répandue, et les écrits de cette période, comme ceux de Philon, commencent à critiquer cette pratique. Pendant la période rabbinique, les rabbins ont davantage limité et découragé la polygamie, en particulier chez les Juifs ashkénazes avec le "Cherem de Rabbeinou Gershom". De nos jours, la polygamie est largement rejetée et interdite dans la majorité des communautés juives à travers le monde.

Il est difficile de trouver des exemples spécifiques de rabbins polygames dans l'histoire, en particulier parce que la pratique de la polygamie a diminué dans la période rabbinique, et qu'elle a été largement interdite parmi les Juifs ashkénazes depuis le 11e siècle avec le "Cherem de Rabbeinou Gershom". Cependant, il est possible que certains rabbins des communautés juives séfarades et mizrahies aient pratiqué la polygamie, notamment dans les régions d'Afrique du Nord et du Moyen-Orient, où la polygamie était plus courante jusqu'au 20e siècle.

Néanmoins, il est important de noter que les rabbins de la période rabbinique et postérieure ont généralement plaidé en faveur de la monogamie et ont cherché à limiter la pratique de la polygamie. Le Talmud, un texte central du judaïsme rabbinique, encourage la monogamie et discute des défis et des complications qui peuvent découler de la polygamie. Les rabbins ont également émis des responsa (avis juridiques) et des décrets pour réglementer la polygamie, comme le "Cherem de Rabbeinou Gershom" mentionné précédemment, qui a contribué à mettre fin à la pratique de la polygamie parmi les Juifs ashkénazes.

## Les prophètes et la polygamie

Les prophètes bibliques vivaient dans des sociétés où la polygamie était courante et socialement acceptable. La polygamie dans la Bible est principalement illustrée par les figures des patriarches et des rois, mais aussi par certains prophètes. Voici quelques exemples :

Abraham : Abraham, le patriarche biblique, avait deux épouses. Sa première épouse était Sarah et la deuxième, Hagar, la servante égyptienne de Sarah. Hagar est devenue la concubine d'Abraham sur l'insistance de Sarah, qui était stérile à l'époque.

Jacob : Jacob, un autre patriarche biblique, avait également plusieurs épouses. Il avait travaillé pendant sept ans pour épouser Rachel, mais son oncle Laban lui avait donné Léa à la place. Finalement, il a épousé les deux sœurs, Léa et Rachel, et a également pris leurs servantes, Bilha et Zilpa, comme concubines.

Moïse : Bien que la Bible ne mentionne pas explicitement la polygamie de Moïse, il est dit qu'il avait une épouse midianite, Tsippora, et plus tard une femme éthiopienne (Nombres 12:1).

Gideon : Gideon, un juge d'Israël et un prophète, avait plusieurs femmes et un grand nombre d'enfants. La Bible mentionne qu'il avait 70 fils, dont l'un d'eux était Abimelech (Juges 8:30-31).

David : Le roi David, considéré comme un prophète, est une figure religieuse importante dans la Bible et est également associé à la polygamie. Il avait plusieurs femmes et concubines, dont Bethsabée, avec laquelle il a conçu Salomon.

En effet, le roi David est parfois considéré comme un prophète dans la tradition religieuse. Bien qu'il ne soit pas explicitement désigné comme prophète dans la Bible hébraïque, il est crédité de la rédaction d'un grand nombre de Psaumes, où il exprime sa foi en Dieu et sa compréhension des enseignements divins. Les Psaumes sont souvent considérés comme prophétiques en raison de leur contenu spirituel et des prophéties concernant le Messie.

Dans le Nouveau Testament, Pierre mentionne David en tant que prophète lorsqu'il cite un Psaume dans son discours à la Pentecôte. Pierre déclare :

"Frères, il fallait bien que s'accomplisse ce que l'Esprit Saint avait annoncé d'avance par la bouche de David au sujet de Judas, qui est devenu le guide de ceux qui ont arrêté Jésus." (Actes 2:25-31)

Salomon : Le roi Salomon, fils de David, avait une grande quantité d'épouses et de concubines - 700 épouses et 300 concubines selon le Premier Livre des Rois (1 Rois 11:3). Salomon est également considéré comme un prophète dans la tradition islamique.

Il est important de noter que la Bible contient des lois et des enseignements moraux qui régissent les relations familiales et maritales, et que la polygamie est abordée dans différents contextes. Bien que la polygamie ait été pratiquée dans l'Ancien Testament, le Nouveau Testament prône la monogamie, et l'idéal du mariage monogame est souvent présenté comme un modèle à suivre. Par exemple, dans les épîtres de Paul, il est recommandé aux dirigeants de l'église d'être mariés à une seule femme (1 Timothée 3:2, Tite 1:6).

La polygamie dans le contexte des traditions chrétiennes et juives.

**Judaïsme:**

Dans l'Ancien Testament (aussi connu sous le nom de la Bible hébraïque), la polygamie est mentionnée à plusieurs reprises. Plusieurs personnages bibliques importants, tels qu'Abraham, Jacob, David et Salomon, avaient plus d'une épouse. Cependant, la polygamie n'était pas la norme pour tous les Juifs, et il y avait des restrictions concernant le nombre de femmes qu'un homme pouvait épouser.

Avec le temps, les communautés juives ont commencé à abandonner la pratique de la polygamie. Cela a été en partie dû à l'influence des cultures environnantes, telles que les Romains et les Grecs, qui pratiquaient la monogamie. Au 11ème siècle, le rabbin Asher ben Yehiel a interdit la polygamie dans sa communauté en Allemagne. Finalement, la polygamie a été largement désapprouvée et interdite par le rabbin Gershom ben Judah au 11e siècle en Europe. Aujourd'hui, la plupart des communautés juives dans le monde n'autorisent pas la polygamie et considèrent la monogamie comme la norme.

**Christianisme:**

Le christianisme est principalement basé sur les enseignements du Nouveau Testament, qui ne mentionne pas explicitement la polygamie, mais promeut plutôt la monogamie. Dans les évangiles, Jésus-Christ cite la Genèse (1:27, 2:24) et parle de la relation entre un homme et une femme dans le mariage (Matthieu 19:4-6, Marc 10:6-9). L'apôtre Paul souligne également l'importance de la monogamie dans ses écrits, notamment dans 1 Timothée 3:2, où il déclare qu'un évêque doit être « mari d'une seule femme ».

Au fil du temps, le christianisme a adopté la monogamie comme norme pour le mariage. La polygamie est généralement considérée comme incompatible avec les enseignements chrétiens, et la plupart des dénominations chrétiennes n'autorisent pas la polygamie. Cependant, il existe quelques sectes minoritaires, en particulier dans le mouvement mormon, qui ont pratiqué ou continuent de pratiquer la polygamie. En somme, la polygamie a été présente dans les traditions juives et chrétiennes à différents degrés. Cependant, elle est aujourd'hui largement désapprouvée et interdite dans la majorité des communautés juives et chrétiennes, qui préconisent plutôt la monogamie.

## La polygamie dans la littérature sapientielle

La littérature sapientielle est un genre littéraire dans la Bible qui se concentre sur la sagesse, la morale et la compréhension de la vie quotidienne. Les livres de la littérature sapientielle comprennent les Proverbes, l'Ecclésiaste, le Cantique des cantiques, la Sagesse de Salomon, et l'Ecclésiastique (ou Siracide). La polygamie n'est pas abordée de manière approfondie dans la littérature sapientielle, mais certaines références et mises en garde peuvent être identifiées.

Dans le livre des Proverbes, il est fait allusion à la polygamie par le biais de mises en garde contre l'adultère et les relations avec des femmes étrangères. Proverbes 5:15-23 met l'accent sur la fidélité dans le mariage en encourageant à boire "l'eau de sa propre citerne" et à "se réjouir de la femme de sa jeunesse". Ces enseignements prônent la fidélité et le contentement dans le mariage monogame.

Le livre de l'Ecclésiastique (ou Siracide) aborde également les relations maritales. Il met en avant l'importance d'un bon mariage et encourage les maris à aimer leurs épouses (Ecclésiastique 26:1-4). Bien que la polygamie ne soit pas directement abordée, l'accent est mis sur la valeur d'un mariage stable et aimant.

Le roi Salomon, qui est associé à la rédaction du livre des Proverbes et du Cantique des Cantiques, est célèbre pour sa polygamie, ayant eu 700 épouses et 300 concubines (1 Rois 11:3). Cependant, l'Ancien Testament attribue la chute de Salomon à ses nombreuses épouses étrangères, qui l'ont amené à se détourner de Dieu et à adorer d'autres divinités (1 Rois 11:4). Cette histoire sert d'avertissement sur les dangers potentiels de la polygamie.

Bien que la polygamie ne soit pas un sujet central de la littérature sapientielle, il existe des références qui mettent en garde contre l'adultère et encouragent la fidélité dans le mariage. L'histoire de Salomon sert également d'exemple des conséquences négatives potentielles de la polygamie.

## Introduction à 1 Corinthiens 7:2

Paragraphe 1: Introduction à 1 Corinthiens 7:2

1 Corinthiens 7:2 est un verset de la première lettre de l'apôtre Paul aux Corinthiens, où il aborde divers sujets liés à la vie conjugale, la sexualité et les relations dans le contexte chrétien. Le verset dit : "Mais, à cause de l'immoralité sexuelle, que chacun ait sa propre femme, et que chaque femme ait son propre mari." Ce verset offre un conseil pour la vie conjugale dans le but de promouvoir la fidélité et la pureté au sein des relations.

## Paragraphe 2: Le contexte de la lettre aux Corinthiens

La lettre de Paul aux Corinthiens a été écrite dans le contexte d'une société grecque, où l'immoralité sexuelle et les pratiques religieuses païennes étaient courantes. Les chrétiens de Corinthe étaient confrontés à de nombreux défis en essayant de vivre selon les enseignements chrétiens tout en étant immergés dans une culture permissive. Paul offre des conseils pratiques pour aider les Corinthiens à vivre une vie chrétienne dans un tel environnement.

## Paragraphe 3: L'importance de l'engagement mutuel dans le mariage

Dans 1 Corinthiens 7:2, Paul souligne l'importance de l'engagement mutuel entre un homme et une femme dans le mariage. Il encourage les hommes et les femmes à être fidèles l'un à l'autre et à se consacrer mutuellement dans le contexte du mariage. Cet engagement mutuel sert de protection contre l'immoralité sexuelle et favorise la stabilité et la force des relations conjugales.

## Paragraphe 4: La monogamie et la fidélité

L'expression "que chacun ait sa propre femme, et que chaque femme ait son propre mari" peut être interprétée comme une affirmation de la monogamie et de l'exclusivité dans le mariage. Bien que la polygamie soit présente dans l'Ancien Testament, dans le contexte du Nouveau Testament et de l'enseignement de Jésus, l'idéal du mariage est souvent présenté comme une relation monogame et exclusive. Paul soutient cet idéal en encourageant les hommes et les femmes à se consacrer exclusivement l'un à l'autre au sein du mariage.

**Paragraphe 5: La pureté et la vie chrétienne**

Le conseil de Paul dans 1 Corinthiens 7:2 s'inscrit également dans un thème plus large de pureté et de sanctification dans la vie chrétienne. En encourageant les hommes et les femmes à rester fidèles à leurs conjoints, Paul cherche à promouvoir une vie chrétienne marquée par la pureté et l'intégrité. Cette orientation vers la pureté est au cœur des enseignements de Paul et constitue un élément essentiel de la vie chrétienne.

**Paragraphe 6: L'interprétation de 1 Corinthiens 7:2 dans le contexte de mariages légaux polygames**

Il est également possible de considérer 1 Corinthiens 7:2 sous l'angle des mariages polygames légaux. Dans cette perspective, l'accent est mis sur la fidélité et l'engagement au sein de chaque relation conjugale, qu'elle soit monogame ou polygame. Si un homme a plusieurs épouses légalement mariées, conformément aux lois et coutumes de sa culture, il est alors attendu qu'il reste fidèle et engagé envers chacune d'entre elles. Cette interprétation soutient l'idée que l'engagement mutuel et la fidélité sont les éléments clés de la vie conjugale, indépendamment du nombre de partenaires, et permet de préserver la pureté et l'intégrité dans le cadre de relations polygames légalement reconnues.

## Paragraphe 7: La légalité et la moralité dans le mariage polygame

Dans le contexte biblique, la légalité et la moralité sont des aspects essentiels de la vie spirituelle et de la relation avec Dieu. Concernant le mariage polygame, certaines situations de l'Ancien Testament montrent que la polygamie était acceptée et légalement reconnue à cette époque. Par exemple, Abraham (Genèse 16:1-3), Jacob (Genèse 29:15-30) et David (2 Samuel 5:13) avaient tous plusieurs épouses. Il est important de noter que la polygamie était pratiquée conformément aux lois et aux coutumes de l'époque, ce qui confirme que la légalité et la moralité de la chose pratiquée étaient respectées.

## Paragraphe 8: La légalité et la responsabilité dans les mariages polygames

L'un des principes importants de la Bible est la responsabilité et le souci du bien-être des autres, en particulier des personnes vulnérables comme les veuves et les orphelins (Exode 22:22, Deutéronome 24:19-22). Dans certaines circonstances, la polygamie servait à assurer la protection et le bien-être des femmes, en particulier lorsqu'elles étaient sans soutien familial. Par exemple, dans Deutéronome 25:5-10, la loi du lévirat stipule qu'un homme doit épouser la veuve de son frère décédé, même s'il est déjà marié, afin de préserver la lignée de son frère et de subvenir aux besoins de la veuve. Dans de tels cas, la polygamie peut être considérée comme une pratique légitime et légale, visant à assurer la protection et la prise en charge des personnes concernées, conformément aux principes bibliques.

## Paragraphe 9: La démographie et l'augmentation du nombre de femmes

Un autre aspect à considérer dans le contexte des mariages polygames est la démographie et le nombre croissant de femmes par rapport aux hommes dans certaines sociétés. Dans des situations où il y a une pénurie d'hommes, la polygamie peut être considérée comme une solution pour assurer la sécurité et la stabilité sociale des femmes. La Bible fait référence à une telle situation dans le livre d'Ésaïe 4:1, où il est dit : "En ce jour-là, sept femmes s'empareront d'un seul homme en disant : 'Nous mangerons notre propre pain et nous nous habillerons de nos propres vêtements ; mais laisse-nous porter ton nom. Prends nos reproches !'" Ce verset peut être interprété comme une illustration d'une situation où la polygamie est pratiquée pour répondre à des préoccupations démographiques et sociales.

Il est essentiel de garder à l'esprit que la compréhension et l'interprétation des textes bibliques doivent toujours être nuancées en tenant compte du contexte culturel, historique et social dans lequel ils ont été écrits. En fin de compte, les principes clés de la vie chrétienne, tels que l'amour, la fidélité, la responsabilité et la prise en charge des autres, devraient toujours guider les pratiques matrimoniales et relationnelles, qu'il s'agisse de monogamie ou de polygamie.

## 1 Timothée 3

*1 Cette parole est certaine: Si quelqu'un aspire à la charge d'évêque, il désire une œuvre excellente. 2 Il faut donc que l'évêque soit irréprochable, mari d'une seule femme, sobre, modéré, réglé dans sa conduite, hospitalier, propre à l'enseignement.*

Une lettre de l'apôtre Paul à Timothée.
Voici la citation du verset selon la version Segond 21:

"Un évêque doit être irréprochable, mari d'une seule femme, sobre, pondéré, réfléchi, accueillant, capable d'enseigner."

Dans ce verset, Paul énonce les qualités requises pour un évêque (ou un dirigeant d'église). Selon lui, un évêque doit être irréprochable, c'est-à-dire qu'il doit être un exemple moral pour les autres membres de l'église. Il doit être marié à une seule femme, ce qui montre la fidélité et le respect pour le mariage. De plus, il doit être sobre, pondéré et réfléchi, ce qui dénote une attitude sérieuse et mesurée. L'hospitalité est également une qualité importante, tout comme la capacité d'enseigner la doctrine chrétienne.

L'ensemble de ces qualités est censé garantir la conduite appropriée d'un leader au sein de l'église et assurer une bonne gestion de la communauté chrétienne.
Il est possible que la mention de la monogamie dans ce verset reflète les pratiques culturelles et sociales de l'époque, et qu'il y ait eu des chrétiens polygames dans certaines communautés. La polygamie était en effet présente dans plusieurs cultures du monde antique, notamment parmi les juifs et certaines populations non-juives de la région méditerranéenne.

L'apôtre Paul écrivait souvent pour donner des conseils et des instructions sur la manière dont les dirigeants et les membres des communautés chrétiennes devaient se comporter. La mention d'être "mari d'une seule femme" peut être interprétée comme une façon pour Paul de souligner l'importance de la monogamie et la fidélité pour les dirigeants d'église, reflétant peut-être un désir de distinguer les pratiques chrétiennes des autres coutumes culturelles de l'époque.

Il convient de noter que les enseignements de Paul ne se limitaient pas à la monogamie, mais abordaient également d'autres aspects du mariage, des relations et du comportement moral, dans le but de guider les chrétiens sur la voie de la foi et de la piété.

En précisant à Timothée que l'évêque doit être sans reproche et époux d'une seule femme, il est possible que cela suggère l'existence de chrétiens polygames au sein de cette communauté. Voici quelques arguments à prendre en compte:

Contexte culturel : À l'époque de Paul et de Timothée, la polygamie était pratiquée dans certaines cultures du monde antique, notamment parmi les populations juives et non juives de la région méditerranéenne. Étant donné que les premières communautés chrétiennes étaient formées de personnes issues de diverses cultures, il est plausible que certains membres aient été polygames avant leur conversion au christianisme.

Transformation des pratiques : L'une des préoccupations de Paul dans ses lettres était de fournir des conseils et des instructions sur la manière dont les dirigeants et les membres des communautés chrétiennes devaient se comporter. En mentionnant la monogamie pour les évêques, Paul pouvait chercher à transformer les pratiques existantes en mettant l'accent sur la fidélité et la monogamie comme normes pour les dirigeants de l'Église.

Exemplarité des dirigeants : Les dirigeants d'église, tels que les évêques, étaient censés être des exemples moraux pour les autres membres de la communauté. Si

Paul met l'accent sur la monogamie pour les évêques, cela pourrait être une manière d'inciter les membres de la communauté à suivre leur exemple et à abandonner les pratiques polygames.

Distinction des pratiques chrétiennes : La mention de la monogamie pourrait être une tentative de distinguer les pratiques chrétiennes des autres coutumes culturelles de l'époque. Paul cherchait peut-être à établir une identité chrétienne distincte, en définissant des normes spécifiques pour les dirigeants et les membres des communautés chrétiennes.

En tenant compte de ces arguments, il est plausible que la recommandation de Paul concernant la monogamie des évêques reflète la présence de chrétiens polygames au sein de la communauté et sert de moyen pour établir de nouvelles normes et valeurs pour les dirigeants et les membres de l'église.

Il est important de souligner que la polygamie n'était pas nécessairement une pratique courante partout à l'époque de Paul et Timothée, mais elle était présente dans certaines cultures du monde antique. Voici quelques sources externes qui peuvent aider à comprendre ce contexte :

La Bible hébraïque (Ancien Testament) : La Bible hébraïque mentionne plusieurs figures, notamment des patriarches et des rois, qui avaient plusieurs épouses. Par exemple, Abraham, Jacob, David et Salomon sont décrits comme ayant eu plusieurs épouses et concubines (Genèse 16:3, Genèse 29-30, 2 Samuel 5:13, 1 Rois 11:3).

Flavius Josèphe : Flavius Josèphe était un historien juif du 1er siècle de notre ère qui a écrit sur l'histoire et les coutumes du peuple juif. Dans son œuvre, "Antiquités Judaïques", Josèphe mentionne la polygamie parmi les juifs à divers moments de l'histoire.

Plutarque : Plutarque, un historien et biographe grec du 1er siècle de notre ère, mentionne la polygamie dans ses écrits sur les coutumes et les traditions de divers peuples de l'Antiquité. Dans sa biographie de Solon, par exemple, il décrit comment le législateur athénien avait permis la polygamie en cas d'infertilité du premier mariage.

Hérodote : Hérodote, un historien grec du 5ème siècle avant J.C., a écrit sur les coutumes de nombreux peuples de l'Antiquité dans son œuvre, "Histoires". Il mentionne la polygamie parmi les Perses, les Babyloniens et d'autres peuples du Proche-Orient.

Ces sources suggèrent que la polygamie était présente dans certaines cultures du monde antique. Bien que la pratique ne soit pas nécessairement courante partout à l'époque de Paul et Timothée, il est possible qu'elle ait été suffisamment répandue pour que Paul aborde la question dans ses lettres.

Dans 1 Timothée 3:1, l'apôtre Paul établit l'importance et la valeur de la position d'évêque (ou dirigeant d'église) pour les premières communautés chrétiennes. Voici le verset selon la version Segond 21 :

"Cette parole est certaine: si quelqu'un aspire à la charge d'évêque, il désire une excellente œuvre."

Dans ce verset, Paul confirme qu'aspirer à la charge d'évêque, c'est désirer une œuvre importante et significative dans l'Église. Les évêques jouaient un rôle central dans la gestion et la supervision des communautés chrétiennes, en veillant au bien-être spirituel et matériel de leurs membres. Ils étaient également responsables de l'enseignement de la doctrine chrétienne et de l'encadrement des autres dirigeants d'église.

En soulignant que la charge d'évêque représente une "excellente œuvre", Paul met l'accent sur l'importance de cette fonction pour le bon fonctionnement de la communauté chrétienne. Cela sert également de rappel aux dirigeants et aux membres de l'église de l'importance d'assumer ces responsabilités avec sérieux et dévouement.

## Quel est la différence entre pasteur et évêque?

Les termes "pasteur" et "évêque" se réfèrent tous deux à des rôles de leadership au sein de l'Église chrétienne, bien qu'il y ait des différences dans leurs responsabilités et leur portée. Les distinctions entre les deux termes peuvent varier en fonction des traditions et des dénominations chrétiennes, mais voici une explication générale de leurs différences :

1. Pasteur :

- Le terme "pasteur" vient du mot latin "pastor", qui signifie "berger". Le rôle du pasteur est souvent assimilé à celui d'un berger qui prend soin de son troupeau. Un pasteur est généralement responsable d'une congrégation ou d'une église locale.
- Les responsabilités principales d'un pasteur comprennent la prédication, l'enseignement de la Bible, l'accompagnement pastoral des membres de la congrégation, la célébration des sacrements (comme le baptême et la communion) et la direction des activités de l'église.
- Un pasteur peut être ordonné ou non, en fonction de la tradition et des exigences de sa dénomination.

2. Évêque :
- Le terme "évêque" vient du mot grec "episkopos", qui signifie "superviseur" ou "surveillant". Un évêque est

généralement un dirigeant d'église de rang supérieur qui a la responsabilité de superviser plusieurs congrégations ou églises locales dans une région géographique, appelée diocèse ou éparchie.
- Les responsabilités principales d'un évêque comprennent la supervision des pasteurs et des dirigeants d'église locaux, l'ordonnancement de nouveaux ministres, la gestion des questions doctrinales et disciplinaires, et la représentation de son diocèse au sein de la hiérarchie de l'Église.
- Un évêque est généralement un pasteur ordonné qui a été élevé à un poste de leadership plus élevé en raison de son expérience, de sa formation et de ses compétences.

Il est important de noter que les distinctions entre les rôles de pasteur et d'évêque peuvent varier en fonction des différentes dénominations et traditions chrétiennes. Dans certaines Églises, comme l'Église catholique, l'Église orthodoxe et certaines Églises protestantes, la différence entre les deux termes est clairement établie, tandis que dans d'autres dénominations, les termes peuvent être utilisés de manière plus interchangeable ou les responsabilités des deux rôles peuvent être fusionnées.

La variation des rôles de pasteur et d'évêque dans différentes dénominations chrétiennes reflète les différences de croyances et de pratiques entre ces groupes. Voici quelques exemples de variations, avec des références et des sources extérieures à la Bible :

**Église catholique romaine :**

Évêques : Les évêques catholiques sont responsables de la supervision et de l'administration des diocèses. Ils sont également membres du collège des évêques, dirigé par le pape. Les évêques sont ordonnés dans la succession apostolique, ce qui signifie qu'ils sont considérés comme les successeurs des apôtres du Christ. (Source : Catéchisme de l'Église catholique, n° 1555-1561)

Pasteurs : Dans l'Église catholique, les prêtres sont souvent appelés pasteurs lorsqu'ils dirigent une paroisse. Les prêtres sont ordonnés et ont pour responsabilité principale de célébrer les sacrements, de prêcher la parole de Dieu et de guider la communauté paroissiale. (Source : Catéchisme de l'Église catholique, n° 1562-1568)

**Églises orthodoxes :**

Évêques : Les évêques orthodoxes occupent un rôle similaire à celui des évêques catholiques. Ils supervisent les diocèses et ont la responsabilité de l'ordination des prêtres et des diacres. L'autorité des évêques orthodoxes repose également sur la succession apostolique. (Source : Timothy Ware, The Orthodox Church, 2e édition, 1997)

Pasteurs : Dans l'Église orthodoxe, les prêtres sont souvent appelés pasteurs. Ils ont la responsabilité de célébrer les sacrements, de prêcher et de guider la communauté paroissiale. Les prêtres orthodoxes sont ordonnés et sont sous la supervision directe de leur évêque. (Source : Timothy Ware, The Orthodox Church, 2e édition, 1997)

**Églises protestantes :**

Évêques : Dans certaines traditions protestantes, comme l'anglicanisme et le luthéranisme, les évêques supervisent les diocèses et ont un rôle similaire à celui des évêques catholiques et orthodoxes. Cependant, l'autorité des évêques protestants est généralement fondée sur leur rôle de superviseurs et d'administrateurs, plutôt que sur la succession apostolique. (Source : John H. Leith, Creeds of the Churches, 3e édition, 1982)

Pasteurs : Les pasteurs protestants dirigent généralement des églises locales ou des congrégations. Leurs responsabilités incluent la prédication, l'enseignement, la célébration des sacrements (selon la dénomination) et la guidance pastorale. Les pasteurs protestants sont généralement ordonnés, bien que les exigences varient selon la dénomination. (Source : Justo L. González, The Story of Christianity: Volume 2: The Reformation to the Present Day, 2010)

Ces exemples montrent la variation des rôles de pasteur et d'évêque dans différentes dénominations chrétiennes. Voici quelques autres dénominations et leurs distinctions concernant les pasteurs et les évêques :

4. **Églises baptistes :**
- Évêques : Les églises baptistes n'ont généralement pas d'évêques. Leur structure de gouvernance est fondée sur l'autonomie des églises locales et la coopération volontaire entre elles.

- Pasteurs : Les pasteurs baptistes dirigent les églises locales et sont responsables de la prédication, de l'enseignement et du soutien pastoral de la congrégation. Les pasteurs baptistes sont généralement ordonnés après avoir suivi une formation théologique. (Source : William H. Brackney, Historical Dictionary of the Baptists, 2009)

5. **Églises pentecôtistes :**
- Évêques : Certaines dénominations pentecôtistes, comme l'Église de Dieu en Christ, ont des évêques qui supervisent les églises locales au sein d'un district ou d'une région géographique. Leur rôle est similaire à celui des évêques dans d'autres traditions, avec la supervision des pasteurs et l'administration des affaires de l'église.
- Pasteurs : Les pasteurs pentecôtistes dirigent des églises locales et sont responsables de la prédication, de l'enseignement, des activités spirituelles, de la prière pour la guérison et des autres aspects du ministère. Les pasteurs pentecôtistes sont généralement ordonnés et leur formation varie selon la dénomination. (Source : Allan Anderson, An Introduction to Pentecostalism: Global Charismatic Christianity, 2004)

6. **Églises méthodistes :**
- Évêques : Les évêques méthodistes supervisent plusieurs églises locales au sein d'une région appelée "conférence annuelle". Les évêques sont responsables de l'ordination des pasteurs, de la supervision des ministères et de la mise en œuvre des politiques de l'église.

- Pasteurs : Les pasteurs méthodistes dirigent les églises locales et sont responsables de la prédication, de l'enseignement, de la célébration des sacrements et du soutien pastoral de la congrégation. Les pasteurs méthodistes sont ordonnés après avoir suivi une formation théologique et un processus d'examen par leurs pairs. (Source : John G. McEllhenney, United Methodism in America: A Compact History, 1992)

Ces exemples illustrent comment les rôles de pasteur et d'évêque varient considérablement selon les différentes traditions chrétiennes. Il est important de se rappeler que ces distinctions et ces responsabilités sont influencées par les croyances, les structures de gouvernance et les pratiques de chaque dénomination.

La polygamie est un sujet qui suscite de nombreux débats et discussions au sein du christianisme. Bien que la Bible ne condamne pas explicitement la polygamie, plusieurs passages mettent en évidence les problèmes et les conflits qui peuvent survenir dans les familles polygames. Dans cette conclusion de trois pages, nous aborderons la nécessité de respecter le choix polygame de certains chrétiens, en tenant compte des perspectives bibliques et historiques ainsi que des considérations contemporaines.

D'un point de vue historique, la polygamie était courante dans l'Ancien Testament, où de nombreux personnages bibliques, tels qu'Abraham, Jacob et David, avaient plusieurs épouses. Cette pratique était socialement acceptée et souvent considérée comme un signe de richesse et de prospérité. Cependant, les récits bibliques de ces familles polygames mettent souvent en évidence les tensions et les conflits qui peuvent survenir entre les épouses et leurs enfants, comme dans le cas de la rivalité entre Sarah et Agar, les épouses d'Abraham, ou entre Léa et Rachel, les épouses de Jacob.

Dans le Nouveau Testament, les enseignements de Jésus et des apôtres semblent mettre davantage l'accent sur l'importance du mariage monogame. Par exemple, dans Matthieu 19:4-6, Jésus cite la Genèse pour souligner que l'homme et la femme deviennent "une seule chair" dans le mariage, renforçant ainsi l'idée d'une union exclusive entre deux personnes. De même, l'apôtre Paul, dans ses lettres, établit des normes pour les dirigeants d'église qui incluent d'être "mari d'une seule femme" (1 Timothée 3:2, Tite 1:6). Cependant, il est important de noter que ces passages n'interdisent pas explicitement la polygamie pour les chrétiens en général, mais établissent plutôt des normes pour les dirigeants d'église.

En considérant les perspectives bibliques et historiques sur la polygamie, il est essentiel de tenir compte du contexte culturel et social dans lequel ces textes ont été écrits. La polygamie était une pratique courante dans les sociétés de l'Ancien Testament, et les enseignements du Nouveau Testament ont été formulés dans un contexte romain, où la monogamie était la norme sociale. Il est donc important de reconnaître que les attitudes et les valeurs des sociétés contemporaines peuvent différer de celles des sociétés bibliques, et que les enseignements de la Bible sur la polygamie doivent être interprétés et appliqués avec discernement.

Dans le contexte contemporain, il est crucial de respecter la diversité des croyances et des pratiques des chrétiens du monde entier. Il est également important de tenir compte des droits et des besoins des individus dans les relations polygames, y compris les droits des femmes et des enfants. En respectant le choix polygame de certains chrétiens, nous devons être attentifs à l'égalité, à la justice et à la dignité de toutes les personnes concernées.

Les communautés chrétiennes devraient encourager le dialogue et la compréhension mutuelle sur des questions complexes telles

En continuant notre discussion sur la polygamie, il est essentiel d'examiner les règles et les instructions divines concernant le traitement des épouses dans les relations polygames, telles que présentées dans la Bible.

L'Ancien Testament contient certaines lois et règlements concernant la polygamie et le traitement des femmes au sein des familles polygames. Un exemple de ces lois se trouve dans le livre du Deutéronome :

Deutéronome 21:15-17 (LSG) : "Si un homme a deux femmes, l'une aimée et l'autre haïe, et qu'elles lui aient donné des fils, l'aimée et la haïe, et que le fils aîné soit de la femme haïe, le jour où il fera ses dons à ses fils de l'héritage qu'il leur laissera, il ne pourra pas donner au fils de l'aimée l'aînesse sur le fils de la haïe, qui est le premier-né. Mais il reconnaîtra pour premier-né le fils de la haïe, en lui donnant double portion de tout ce qu'il possédera ; car ce fils est les prémices de sa vigueur, le droit d'aînesse lui appartient."

Ce passage établit des règles pour garantir les droits d'héritage du premier-né, même si la mère de l'enfant n'est pas aimée par son mari. Cela indique une préoccupation pour la justice et l'équité envers les enfants issus de relations polygames, indépendamment de la préférence personnelle du mari pour ses différentes épouses.

Il est vrai que la Bible aborde certaines questions relatives à la polygamie, surtout dans l'Ancien Testament. Cependant, il n'y a pas de règles ou de dispositions explicites détaillant la manière dont un homme doit procéder pour prendre une deuxième femme. Toutefois, nous pouvons observer certains principes et règles concernant les relations familiales et le traitement des épouses dans le contexte de la polygamie.

Par exemple, dans l'Ancien Testament, certaines lois visaient à protéger les droits des femmes dans les familles polygames :

Exode 21:10 (LSG) : "Si [un homme] en prend une autre, il ne diminuera rien à la nourriture, au vêtement, et à la cohabitation de la première femme."

Ce passage indique que si un homme prend une autre femme, il ne doit pas négliger les besoins de sa première femme en termes de nourriture, de vêtements et de vie conjugale. Bien que ce verset n'explique pas explicitement comment prendre une deuxième femme, il établit une certaine protection pour la première épouse en cas de polygamie.

Le passage précédemment mentionné du Deutéronome 21:15-17 établit également des règles pour garantir les droits d'héritage du premier-né, même si la mère de l'enfant est moins aimée par son mari.

Dans l'ensemble, les lois et les enseignements bibliques concernant la polygamie semblent viser à protéger les droits et le bien-être des femmes et des enfants impliqués. Cependant, il est important de noter que les normes et les valeurs sociétales ont évolué depuis l'époque de l'Ancien Testament, et la polygamie n'est plus considérée comme acceptable dans de nombreuses cultures et communautés chrétiennes.
les arguments en faveur du choix personnel de la polygamie en me basant uniquement sur les écrits bibliques et les principes généraux qui y sont présentés :
Absence de condamnation explicite : Comme mentionné précédemment, la Bible ne condamne pas explicitement

la polygamie. Les figures bibliques de l'Ancien Testament, telles qu'Abraham, Jacob et David, étaient impliquées dans des relations polygames. Ces personnages étaient considérés comme des figures importantes et bénies de la tradition juive et, par extension, chrétienne. Le fait que la Bible n'interdise pas clairement la polygamie peut être perçu comme une preuve de la validité de ce choix de vie pour certains chrétiens.

Protection des droits des femmes et des enfants : Les passages bibliques, tels qu'Exode 21:10 et Deutéronome 21:15-17, établissent des règles pour protéger les droits et le bien-être des femmes et des enfants impliqués dans des relations polygames. Ces passages montrent que Dieu se soucie du traitement équitable des membres de la famille, même dans des situations polygames. Cela pourrait être interprété comme un signe que la polygamie peut être acceptable, à condition que les droits et le bien-être des personnes concernées soient protégés.

Adaptabilité des enseignements bibliques : Les enseignements de la Bible sont souvent interprétés et appliqués de manière flexible pour s'adapter à différents contextes culturels et historiques. Dans certains contextes, il peut être acceptable pour les chrétiens de choisir la polygamie en fonction de leurs croyances personnelles et des normes sociales de leur communauté. Dans ces cas, la polygamie peut être considérée comme un choix personnel qui reflète l'adaptabilité et la diversité des enseignements chrétiens. En fin de compte, la question de la polygamie dans le christianisme dépend souvent de l'interprétation personnelle des enseignements bibliques et des normes culturelles et sociales de chaque individu. Il est important de se rappeler que la compréhension de la Bible peut varier en fonction de l'individu et de la communauté, et que la pratique de la polygamie doit toujours être basée sur le respect, l'égalité et la justice pour toutes les personnes impliquées.

## En conclusion

*La Bible ne condamne pas explicitement la polygamie. Au lieu de cela, elle fournit des règles et des directives pour ceux qui choisissent d'entrer dans des relations polygames.*

*Ces règles visent à protéger les droits et le bien-être des femmes et des enfants impliqués. Ainsi, il est essentiel pour ceux qui optent pour la polygamie de respecter ces principes bibliques pour garantir l'équité, la justice et le respect au sein de leurs relations.*

Made in the USA
Columbia, SC
18 April 2023